U0679461

21世纪日本宋元史研究译丛

近藤一成 主编

南宋地方官的主张

情、理、法何者为重？

官员修身从政之典范

[日]大泽正昭 著

吴承翰 译

ZHEJIANG UNIVERSITY PRESS
浙江大学出版社
·杭州·

图书在版编目（CIP）数据

南宋地方官的主张 / (日) 大泽正昭著；吴承翰译
. -- 杭州：浙江大学出版社，2022.11
ISBN 978-7-308-22980-7

Ⅰ. ①南… Ⅱ. ①大… ②吴… Ⅲ. ①政治制度—研究—中国—南宋 Ⅳ. ①D691.21

中国版本图书馆CIP数据核字（2022）第159155号

南宋地方官的主张
［日］大泽正昭　著　吴承翰　译

责任编辑　谢　焕
责任校对　陈　欣
装帧设计　云水文化
出版发行　浙江大学出版社
（杭州天目山路148号　邮政编码：310007）
（网址：http://www.zjupress.com）
排　　版　浙江时代出版服务有限公司
印　　刷　杭州钱江彩色印务有限公司
开　　本　880mm × 1230mm　1/32
印　　张　9.125
字　　数　199千
版 印 次　2022年11月第1版　2022年11月第1次印刷
书　　号　ISBN 978-7-308-22980-7
定　　价　68.00元

浙江大学出版社市场运营中心联系方式：（0571）88925591；http://zjdxcbs.tmall.com

中文版序

何其有幸，拙著《南宋地方官的主张》（《南宋地方官の主張》）的中文版顺利出版。借此，拙著遂有更多机会得以让中文学界的研究者们参阅过目，我期待能够得到更多的批判与指教。对于接下烦琐翻译工作的吴承翰先生，亦深致谢忱。

一

拙著自 2015 年 11 月出版以来，获得了几位研究者的书评，他们指教了许多问题。其中，中国政法大学赵晶副教授的书评不仅介绍了日本学界的现况与我的研究经历，而且还惠赐了极为仔细的批评（《唐宋历史评论》，2018 年）。无论是拙著取得的成果，抑或问题点，他都一一切实点出，因而是一篇颇具说服力的书评。这种形式的书评，即便在日本也并不常见，使我获益良多。拜其热情所刺激，我也针对书评写了一篇略带辩解之意的读后感，送去给赵先生。于是，当赵先生提出要求，希望能将他的书评与拙文一并收录在他新近出版的大作《三尺春秋——法史述绎集》（中国政法大学出版社，2019 年）之中时，我也十分欣喜地答应了。恳请此后阅读拙著的人，务必将赵晶先生的书评与拙文合而观之，若能据以从新的角度惠予批判，实属幸甚。

二

我立志从事中国史研究，已经过了将近五十年的时间。以下对我微不足道的研究史略作介绍，以飨中文学界的读者。有感于中国史规模宏大的魅力，我于 1966 年时进入了中国史学名家辈出的京都大学就读。但是，始于当年的“文化大革命”影响十分深刻，因此学生时代只是空有读书的样子，实际上根本无法读书。大学毕业后，我以一种所谓趁乱而入的方式进入了研究所，并于两年后提出硕士论文《唐代后半期藩镇研究》（《唐代後半期の藩鎮研究》），至此总算踏出了中国史研究的第一步。尽管我的出发点是唐末、五代的政治史，但是此后因为感受到研究政治基础的必要性，于是将重点转移至农业社会史。我就这样一直致力于后来构成博士学位论文的各项课题。其内容如《陈旉农书研究》（《陳旉農書の研究》，农山渔村文化协会，1993 年）、《唐宋变革期农业社会史研究》（学位论文，汲古书院，1996 年），皆已公开出版。自此直到现在，我仍断断续续地持续进行农业史的研究，最近主要是与农业史研究会的同伴一起进行清末农书的研究。公开发表的成果有《农言着实》《沈氏农书》《补农书》的译注（《上智史学》61—64 号，2016—2019）。

另一方面，我又邂逅了 20 世纪 80 年代前半段于上海、北京两图书馆发现的明刊本《名公书判清明集》写真版。从解读残缺不全的文字开始，到1986年时组织清明集研究会，迄今三十年有余，始终持续着解读的工作。其成果包括自费出版的《惩恶门、人伦门、人品门、官吏门》的译注（汲古书院，1991—2010年），以及面向一般大众出版的合著作品《固执己见的愚民们》（《主張する“愚民”たち》，角川书店，1996年）。在解读《清明集》的过程中，因必要性驱使而开始学习法制史领域的研究成果，并且尝试对于若干论点提出我自己的见解。这些就构成了拙著的前半部分。

进而，我又因为对《清明集》中登场的“愚民”们的动向深感兴趣，于是一脚踏入唐宋时代社会史的研究。我特别感兴趣的是构成社会基础单位的家庭，以及作为家庭重要构成者的女性。尽管如此，当时的日本学界几乎不存在有关唐宋时代家庭的研究。虽然有关秦汉以前的小家庭成立时期的研究积累十分丰厚，但对于后来时代的研究，可谓一概付之阙如。在此，我将目光投向了作为历史研究的史料而言向来评价不高的小说史料。这是因为我认为这种史料当可反映基层社会的各种面向。目标确立后，随着阅读逐步深入，我逐渐能够比较明确地掌握家族、婚姻、女性的历史动向。其研究的一部分遂集结为《唐宋时代的家族、婚姻与女性》（《唐宋時代の家族・婚姻・女性》，明石书店，2005年）一书。另一方面，与家庭问题有关，我也注意到所谓的家训类（史料）。《袁氏世范》就是我在此时碰上的独特史料。从袁采的文章之中，可以感受到作为一名下级官僚的率直气息，又或是好像能够听见他的叹息声似的，使人不禁为之吸引。对此，我认为在分析时有必要兼顾史料的客观性与袁采的独特视角，于是试着写出几篇论文。这些就构成了拙著的后半部分。

另一方面，我也隶属于（公益财团法人）东洋文库研究员斯波义信的研究班。此处强调明代日用类书的重要性，而我则负担有关法制史相关史料的解读工作。很幸运地得到科学研究费的补助经费（2015—2018 年度），于是主要处理《三台万用正宗》律例门的译注。这份史料的难解程度，堪称前所未见。它既有完全无法解释其意义的词语或文句，又会使人陷入投降放弃状态。尽管如此，在荻生徂徕的《明律国字解》等日本近世研究与其他工具书的帮助下，我总算得以将其译注公开发表（其成果公开于东洋文库的数据库）。

三

以上是我研究史的梗概经过。回顾起来，正是那些在不同时期相遇的史料与研究会的伙伴们，对我的研究带来深刻的影响。在史料之中特别值得一提的是《名公书判清明集》。自不待言，《清明集》是于宋代审判中所做出的判语史料，其中强烈地反映出宋代社会与人群活动的样子。我在研究生时代的研讨课中，（被迫？）读了当作教材的《续资治通鉴长编》，也读了其他的宋代史料。可是或许是我理解力不足的缘故，我无法从这些史料之中得出具体的宋代史图像。对于生存于其中的人们，他们究竟是如何思考、怎样行动，我实在无法产生出具有现实感的认识。然而在《清明集》之中，从“愚民”到地方官都十分地活跃。在判语里头，他们顺从自己的欲求，正直且赤裸裸地活着。在此，我才第一次真正有种仿佛触摸到宋代社会本质的感觉。尽管《清明集》是十分难解的史料，但是深埋于其中的世界却十分广阔。即使现在回头重读《清明集》，读着读着有时也会有所发现，可见若要穷究其根底，依然为时尚远。因此，我有预感今后仍将持续不懈地与《清明集》周旋苦斗。[1]

一般来说，所谓的史料是一种随着读者问题意识的变化，对它（史料）的看法也会随之发生改变的东西。换句话说，一旦问题意识发生变化，那么即便是对迄今为止早已不知读过多少遍的史料，也可能会意外发现以往忽略的地方。夸张地说，甚至会涌出一股羞耻感，怀疑自己的眼睛是不是瞎了。这恰恰等同于一种"新发现"，而这正是史料解读的重要性与有趣之处。

近年来的历史研究，好像十分盛行竹简、木简等新出土资料，以及未被介绍的石刻史料研究。这些东西书写了珍贵的事实，对于建构新的历史图像来说应该是必要的线索。对历史研究而言，新史料的研究自然是重要的课题。但是，我们不应忘记的是，就算是读到烂熟的史料也可能有所发现。例如当我以《资治通鉴》作为研讨课的阅读文本时，也曾经因为学生十分素朴的提问，而使我意识到从未注意过的事实。我于是明白了自己思考上的盲点。也就是说，只要舍弃思考的盲点，不断引入新的视角，即便是熟悉的史料也可以不断提供重要的情报。我们锻炼自己的问题意识与解读能力，并且培养史料解读的技术，也能够得出"新发现"。仔细深入地阅读史料，乍看之下是很乏味的工作，但我以为这是对历史研究者来说必要且不可或缺的工作。

[1] 原文"付き合う"，有交往、打交道之意，依据上下文背景译为"周旋苦斗"。——译者注

四

最后想要强调的是共同研究的重要性。一直以来，正是研究会的同伴们持续对我的研究提供丰富的营养。主要的研究会有持续四十年以上的中国史研究会，三十年以上的清明集研究会，将近二十年的农业史研究会，还有十余年的东洋文库研究班。无论何者，都是历经长年持续的研究会，研究会对于锻炼自我的问题意识、开阔视野、培养史料解读能力，以及赋予新的研究契机，提供了宝贵的机会。如果没有这些研究会，则不管是我微薄的能力也好，研究意愿也罢，都可能早就不知于何处燃烧殆尽了。对于会员同伴们，我只有感谢之意。

我们的研究无疑是一种孤独的行为。不过，既然人类是一种社会性的存在，则也唯有栖身于人际关系之中，研究才能进步，我们才能有所成长。我的意思是，旧识自不待言，我打从心底希望还能与更多中文学界的研究者们进行积极的交流。

2020年1月

武藏国金秋白庵　大泽正昭识

前　言

本书是关于南宋《名公书判清明集》（以下简称《清明集》）与《袁氏世范》的研究，是根据其记述的内容，以探讨作者主张的成果。我企图掌握这两种史料描写记事的整体图像，同时从中以体系性的方式，去读懂作者关于地方官们的主张。由于作者们是现任或退休的地方官（任职路、州、县的官僚），因此在《清明集》中是判决文书的作者，在《袁氏世范》则是留下给自己一族的家训。它们的共通之处在于，从中皆可看到一种想要解决问题的真挚态度与率直吐露的心情。就此意义而言，这两种史料皆属于一级史料，而且可以认为是难得一见的史料。此外，不仅是宋代史，哪怕在研究中国整个前近代史时，它都可以为我们提供珍贵的情报。迄今为止，我因深深着迷于这两份史料而持续研究，并且发表了几篇文章。如今得到将其结集成书的机会，在此我想展示研究的成果，恳请方家批判。

作为史料研究的同时，本书亦将问题意识放在考察地方官主张的历史特质上。地方官们在以审判为首的公务和日常的私人家庭生活中，究竟如何认识、如何对应宋代社会的现实？这是我想要考察的地方。此外，我也想要考察他们的主张在历史上究竟应该占有什么样的位置。换言之，我所研究的是正处在专制国家与基层社会接榫点的地方官，他们怎样认识、怎样判断，以及怎样去应付宋代基层社会的问题。从目前为止的研究潮流来说，这是属于我个人研究背景下的社会史研究中的一环。然而这并非对基层社会本身的研究。这是对地方官的现实认识与判断的研究。对于这点我想再稍作说明。

众所周知，从唐到宋的时代在中国史上是一个引人注目的巨大变动期。它曾经卷起激烈的争论，同时也诞生了深入的研究。结果，固然厘清了许多的事实，但是对于这个变动的本质究竟是什么，迄今依然无法取得共识。今后势必也要持续进行深入的研究。但是，人们一般也同意唐代后半期激化的政治与社会变动历经宋代已大致趋于收束。尽管西北诸民族南下的压力依旧强劲，但中国社会大变动的归结总算变得明确，这样的情形即始于宋代。

形形色色的人们在这个时期里登场并且活跃着，其中，我特别想关注的是作为知识分子的地方官的活动。他们对应着新的时代，摸索着新的秩序，并且在各种生活场景中行动着。当然，行动的方式因人而异。有贯彻耿直之道的官僚，也有被他们纠弹的官僚。从本书研究对象的两种史料中，可以看到一种采取特别激进的生存方式的地方官姿态。如果将他们的活动领域分为外与内，乃至公与私的话，则《清明集》就是在所谓审判的外部、公共领域，《袁氏世范》则是在所谓家庭生活的内部、私人领域，各自有关他们自身主张的记录。

其中所谓外部的、公共的领域，即地方行政的日常政务。除了征税、差役或劝农等日常性业务之外，他们还要对频繁的诉讼做出判决，说服“愚民”们并且予以“善导”。另一方面，在内部、私人领域的家庭生活中，他们作为家长以实践自己的理念，并且留心致意于维持自己家庭与一族的存续及安定。像这样外、内、公、私的活动，尽管最终没能得偿所愿，但这却是他们企图实践其政治理念与社会规范的意志表现。

从社会史研究的立场来看，这股动向值得引起关注。在支撑后期专制国家的基层社会开始形成的阶段，地方官们在外与内、公与私的领域之中，试着去实践他们对应这个趋势的策略。从而，他们的活动以某种形式对基层社会产生了影响，这点是无可置疑的。这是思考近世基层社会时不可或缺的研究课题。当然，不可能仅凭地方官自上而下的活动就足以形成全新性质的社会。基层社会也包含有自身形成、变化的要素与逻辑，并且据此而演进。这必须从别的角度进行考察。而在本书中想要考察的，则是地方官对基层社会“善导”的形态。眼下本书想要解决的，并非基层社会内部的因素，而是厘清这些实践地方行政的地方官们，他们在各领域中的现实认识与判断。这是问题意识之一。

这里还要加上另一个课题，而且是更为着重的研究课题。此即为了一窥地方官主张而进行的史料研究。所谓的史料研究，一般采用的是有如目录文献学的研究，即所谓外在性的研究方法。这是属于版本研讨或书物体裁的研究，或以序文、跋文等作为题材的研究。另外也有像是《四库全书总目提要》那种对史料进行评价的方式，那是一种附加性的记述。有别于此，我所考虑的方法是去分析史料整体的记述内容本身,即所谓内在性的研究方法。首先综观全体的记述。这是前提。在此基础上再去分析记述的特征，或是去掌握整体的逻辑构成方式。我借此试着去理解作者们所具有的“现代”认识形式，或是尝试去掌握他们的价值观与判断基准的固有形式。

这种工作的基础，在于并非只取出史料中的一部分就将其作为议论的材料，而是要以通观该史料整体的言论作为目标。借着这个方法，希望去解明作者们的总体性主张，或是解读他们对生存其中的“现代”社会的认识，这是我的问题意识。这个方法是否有效，有待读者诸贤自行判断。尽管如此，对我来说在研究过程之中确实有新的发现，从而非常愉悦。如读者借由本书，即便仅能理解其中一端，亦属幸甚。

诚如前述，无论是主题还是研究方法，乃至连成果都还有很多暧昧之处，很多不可靠的地方。然而在针对这两种史料的研究告一段落的此刻，我还是决定鼓起勇气汇集本书。希望借由公开出版来得到方家批判，从而使研究更加深入。

目　录

第一部

《名公书判清明集》的世界

梗概

在第一部分中我所要探讨的是关于地方官的外部与公共领域的活动，特别是去考察判决文中所表明的、借由裁判所表达出来的主张，这些构成了思考他们认识以及判断现实社会的材料。

作为考察对象而举出的是新发现的史料《名公书判清明集》。众所周知，此一史料的编纂者不详，一般认为它是搜罗了“名公”判决文的模范判决文集成。因此，对于以诉讼、裁判、法令等为对象的法制史研究来说，这个史料不用说就是一级的史料。实际上，这个领域已经积累了许多研究。但是，如果改变观察角度，它也非常有可能作为社会史研究的史料。这是因为判决文中有很多地方都反映了当时的社会情势。例如，我们可以知道那些强硬的地方官们如何面对当时的现实社会，什么才会被当作问题，以及他们究竟如何做出判断。我的问题意识主要针对这个方面，在本书中希望将其作为社会史研究的重要史料，加以活用。

这里的研究，按照议题不同可分为三个部分。即第一章，第二、第三章，以及第四章与补论。在第一章中，我尝试借由数量分析的方法来把握《清明集》的整体面貌和史料性格。在第二、第三章中，则是整理主要作者的判决文，借由比较与分析，来把握其共通的判断基准和适用于个人的差异。毫无疑问，强硬的地方官们具有共通的判断基准。但是，仔细分析就会发现这个基准并非一律适用，其色调差异颇大。在判决文中就表明了这种色调的差异。这或许是基于个性，又或是个人对于社会的认识，以及对应方式的差异所致。这里以判断基准的理想状态为材料，来思考地方官们的理念及其对现实的适用。在第四章中，综观以《清明集》为主体的南宋判语史料，并将其作为社会史研究的史料加以活用。具体的研究课题是关于基层社会的当地有权势者、豪民的应有状态。我尝试在判决文的范围内，去思考其中反映的当地有权势者究竟是一种怎样的存在。补论是在《清明集》研究的初期阶段所构思的素描草图。其中大致预想了当地有权势者的存在形态，并构成了第四章考察的前提。

第一章

迈向《清明集》的世界

——定量分析的尝试

前言

《清明集》具有莫大的史料价值，这已经无须多论。自从仁井田升关注以来，累积了许多研究，[1] 例如滋贺秀三、高桥芳郎等人从法制史面向，解明了以家族法为首的问题。[2] 我们也附其骥尾，发表了共同研究的成果。[3] 我以为目前应该研讨的问题，是以掌握《清明集》所描绘的世界为目的，所做的史料特质之研究。

例如，前述共同研究中，特别是《固执己见的愚民们》(《主張する"愚民"たち》)，我们的视角就与法制史略有不同。其中特别关注史料的社会史面向，并且试着考察了若干问题。但是，史料的可能性之广阔及其同时存在的制约性，也总是使人在意。当然，我们没有忘记《清明集》终究是裁判文书这个事实，只是对于它的制约性究竟应该如何认识、怎么处理，无可否认地仍然存在若干疑问。最明显的疑问即：该史料反映的到底是当时一般性的、典型的社会，还是有关特定阶层的事例？这是因为《清明集》主要处理的诉讼范围与对象的阶层等并不清楚。尽管这应该是先由文献学进行研究，在一定程度上予以厘清的问题，但实际上存在着极大困难。

众所周知，《清明集》的序文遭到虫蚀，因此编者与编纂的意图不明。收录的判语中，有多处并未载明作者，而记载的人物中，经历不明者也不在少数。此外在版本方面，宋版残本与明版以外没有可资校对的材料。这些存在的问题，已有陈智超所做的详细考察。[4]高桥芳郎又根据这些情况，推测仅"户婚门"曾单独刊行，或是刊行后又做了增补。[5]因此，《清明集》在文献学的特征方面具有诸多不明之处。

另一方面，陈智超又考察了各分门的内容，以试图解明《清明集》所"反映现实的广度"。例如他指出在"官吏门"中，显示了"官场风气的腐败"，或是"人品门"中的"公吏"实为重点，等等。[6]这种以各分门的特征分析为基础的考察是一个重要的视角，应该予以注意。实际上，"户婚门"的分量之多，以及《清明集》各分门之间显著的不平衡，这些都是更加深化分门特性认识的基础。这也是思考《清明集》世界的广度与界限时的重要线索。但是，陈氏研究的重点在于内容的"谅解"，而非深究史料可能性的范围，因此在这点上，我想仍有进一步研究的余地。

在本章中，为了把握《清明集》世界的客观特性，我做了一个尝试，即抽取出《清明集》的构成要素，一边注意分门的性格，一边做数量性、总体性的分析。也就是说，我想尝试的是统计《清明集》全书，即所谓定量分析的方法。把各判语记述的诸要素，例如人名、地名等，以数量的方式取出，并加以考察，以此来把握记述内容的特质。目前已先将这个方法试用于“惩恶门”上。[7]得出的结论是否妥当，尽管仍不明确，但我们仍将以此作为今后研究的线索。本章希望使其更加深入。

但是，这个方法论也有若干不确定的因素，必须事先说明。即使不论所谓定量分析方法根本上的有效性，也还存在着对于导出数值之基础的信赖性，以及统计操作的危险性，还有解释这些数值时所带有的很大可能性。例如，在计算登场人物的数量时，在难解的判语中，经常带有无法确定人名、性别，或者有着漏看的危险性。[8]地名也是一样。进而，在合并计算时也可能计算错误。再者，如何解读这些得到的数值，也是很大的问题。也可能在无意识间加入自己的成见。尽管如此，采取这个方法，应该仍能把握《清明集》全体大致的位置乃至取向，并且让史料自身的制约性浮现出来。

我们先前的分析，还有如下几点值得注意。从地名分析来看，可以推测当时活跃的流通现实与诉讼之间有所关联；人名的分析，则可以得出“所谓男性原理、‘愚民’、国家权力的关键词”。[9]只不过，这些结论仅是以“惩恶门”一门作为分析对象，因此仍有待深入研究。以下考察就从这里出发。

一、《清明集》的整体面貌

首先，在本章中拟先观察分析对象《清明集》的整体面貌，即对卷数、判语数、页数等全体分量的概括，这也是构成以下分析基础的数值。分析材料使用的是明版的标点本（中国社会科学院历史研究所宋辽金元史研究室点校，中华书局，2002 年）。首先从表 1-1“《清明集》的整体面貌”看起。

此处记录了各分门的卷数、判语数以及页数，且为了观察平均值，计算了一卷、一页，以及一道判语的平均数值。但是，所谓判语数，是将《清明集》中每一篇接续的文章计为一道判语。亦即于目录立项的判语中，著者为同一人，却以“又”表示者，则另计为别道判语。这点与陈智超“以一案作一篇”的计算方法不同。[10] 其次是页数，即如标点本。其中包含“校记”部分或补充内容等，则不纳入考虑。再者，由于“赋役”（原文误为“赋税”。——译者注）、“文事”二门合并为一卷之故，所以在卷数栏中以“1 >”表示，至于每卷平均数值的项目则将两门合计，并以括号表示。此外，“户婚门”因数量较多，且如后述可将其内容分为两半，故以前半部分的卷 4—6 为 A，后半的卷 7—9 为 B，并于其后标示“户婚门”合计的数值。

观察表 1-1 记录的数值，可以指出几个特征。（1）“户婚门”占全体卷数的 43%，全体页数的 47% 弱，分量最多。（2）“惩恶门”居次，页数占 21%。（3）反之，“文事门”不满一卷，页数也不过 1% 而已。（4）观察每一卷相当于多少判语数的部分，虽然也有将一、二分门收为一卷因而使数值稍大的情形，但并无极端的偏差。由此可见《清明集》的编纂者也考虑到了各卷的平衡。（5）即使是每卷或每道判语的平均页数，“户婚门”也引人注目。除“户婚门”以外，一道判语的平均页数大约是 0.96，而“户婚门”大约是其 1.4 倍。这意味其每篇判语皆为长文。

如此看来，我们可以从特征（1）与（5）确认《清明集》的重点所在。只是这究竟是编纂时的意图，抑或是以当时案件数为

表 1–1　《清明集》的整体面貌

项目 / 分门	官吏	赋役	文事	户婚			人伦	人品	惩恶	合计
			（2 门小计）	A	B	小计				
卷数	2	1 >	1 >	3	3	6	1	1	3	14
判语数	67	33	9	72	123	195	43	45	114	506
页数	61	31	7	100	159	259	39	43	117	557
每卷之判语数	33.5		—（42）	24	41	32.5	43	45	38	36.1
每卷之页数	30.5		—（38）	33.3	53	43.2	39	43	39	39.8
每判语之页数	0.91		—（0.90）	1.39	1.29	1.33	0.91	0.96	1.03	1.10

取向，此点未详。但是，“户婚门”判语相较于其他更长的事实，意味着对原判语的省略不多，[11] 由此也能窥见编纂者的意图。我们应可判断，他认为这个分门有必要记述得更详细一些。为了弄清个中缘故，必须暂且先接着研讨个别的要素。

二、地名的分析

1.《清明集》整体的地名频率

再来考察地名。首先试着找出《清明集》中所有县以上的地名。依据的原则是：（1）一道判语中有某个地名重复出现时，将其合并计为一次。(2)引用古典之中所包含的地名不列入计算，诸如此类。如此将各门中登场的地名频率以各路加以表示，即制成表 1-2“各路之地名频率”。在此也将各路出现频率较高的州、军数据一并记入。

表 1-2 可以举出以下若干具有特征的事实：（1）登场的地名中有三分之一位于江东路。（2）其中以信州、饶州特别多，一州之数约在其他一路之上。（3）福建、湖南、浙东各路约为江东路的四成，处于相同的水平。（4）浙西、江西路又约为前者的七成，仍维持同样水平。（5）登场的地名在各路中，集中于特定的府、州。例如，福建路有不足七成位于建宁府，浙西路有不足六成在临安府等。（6）福建路以建宁府最显著。

观察以上地名频率，可以明了其中有集中于特定地域的倾向。以路做整理的话，可以分成：（1）江东路；（2）福建、湖南、浙东路；（3）浙西、江西路三个集团（指三种频率的类型）。为了观察得更仔细，再将目光转移到府、州，按频率高低排序如下：

表 1-2　各路之地名频率

路（州）/ 分门	官吏	赋役	文事	户婚	人伦	人品	惩恶	小计（占比 %）
浙西路	4	1	0	9	0	2	6	22（8.3）
临安府	2	0	0	5	0	2	4	13
浙东路	3	1	0	3	1	6	17	31
婺州	0	0	0	0	0	2	7	9
衢州	0	0	0	3	0	0	6	9
处州	0	1	0	0	1	3	2	7
江东路	19	6	0	5	1	32	22	85（32.1）
信州	7	2	0	4	0	11	8	32
饶州	6	1	0	1	0	11	11	30
南康军	1	1	0	0	0	5	2	9
徽州	1	2	0	0	1	3	1	8
江西路	5	7	0	2	0	6	4	24（9.1）
抚州	0	4	0	1	0	0	1	6

续表

路（州）/分门	官吏	赋役	文事	户婚	人伦	人品	惩恶	小计（占比%）
福建路	9	2	0	11	1	7	7	37（14.0）
建宁府	4	1	0	11	0	4	5	25
泉州	5	0	0	0	0	1	0	6
湖南路	11	2	3	3	0	4	12	35（13.2）
潭州	9	1	2	0	0	0	5	17
邵州	0	1	1	1	0	1	3	7
其他	6	4	0	7	0	2	12	31（11.7）
合计	57	23	3	40	3	59	80	265

信州（江东）=32，饶州（江东）=30，建宁府（福建）=25，潭州（湖南）=17，临安府（浙西）=13，婺、衢（浙东），南康军（江东）=9，徽州（江东）=8……

由此可知，居首的三个府、州频率特别高，而于各路也有很高的比例集中在主要的一个到四个府、州之间。表 1-2 乃是先以路为单位整理出来的数字，至于观察各府、各州的情形，可能才会是问题所在。以下即将此纳入基准，进一步展开研讨。

总之，《清明集》中登场的地名频率有很大的偏差。尽管各分门皆有其特征，但仍必须充分了解《清明集》世界所具有的地域限定性。那么，应该如何理解这种偏差呢？接着试做若干研讨。

2. 与“惩恶门”的比较

首先我们将前述倾向与之前已分析过的“惩恶门”内容试做比较。在“惩恶门”中，我们可以从其出现频率之高，推测连接临安和鄱阳湖的交通路之重要性，与频繁的诉讼之间具有关联。这是否只是“惩恶门”本身的特殊情形？必须先加以确认。我们从全体数值中除去“惩恶门”的数值，再将地名频率依高低排序后，可得出以下结果：

江东路 =63，福建路 =30，江西、湖南路 =20，浙东、西路 =14，其他 =19

不变的是，江东路依然显著突出，占全体的 35%。再者，前述的三种频率则不见了。第二位的福建、湖南、浙东路集团中，脱落了湖南、浙东二路，在“惩恶门”中，湖南、浙东路的地方特别多，恐怕正是原因之一。另一方面，府、州则如下所示：

> 信州（江东）=24，建宁府（福建）=20，饶州（江东）=19，潭州（湖南）=10，临安府（浙西）=9，南康军（江东）、徽州（江东）=7，泉州（福建）=6……

在频率最高的前三位中，顺序虽有变化，但内容不变。在其之下，婺、衢州在“惩恶门”中颇多；此外，南康军、徽州、泉州等也有很多，这是两者不同之处。不过潭州、临安府、南康军、徽州是共通的，而且两者频率的差异也没有那么大。最重要的是，在泉州之外，有很多是位于与临安、鄱阳湖一线接壤的地域。如此一来，在《清明集》中登场的地名分布，其基本特征与“惩恶门”可说是相同的。

3. 对数值发挥影响的因素

那么，这种倾向究竟是由哪些因素造成影响的呢？接着试从几个角度来研讨。

（1）每道判语的平均地名数

观察表 1-2，各分门频率的偏向相当明显。为使其平均化，我们计算出一道判语的平均地名数，此即表 1-3“每道判语之地名频率”。如此处所示，最多的是“人品门”，一道判语中会出现超过一个的地名。反之最少的是“人伦门”，其中几乎不会出现任何地名。在这二门的两极之外，若再除去判语数量极少的“文事门”与极多的“户婚门”，则在 0.64 与 0.85 之间，显示大体近似的数值。亦即，呈现出大约每两篇判语就出现一个以上地名的平均形态。

表 1–3　每道判语之地名频率

	官吏	赋役	文事	户婚	人伦	人品	惩恶	合计
判语数	67	33	9	195	43	45	114	506
地名数	57	23	3	40	3	59	80	265
每判语之平均地名数	0.85	0.64	0.33	0.21	0.07	1.31	0.70	0.52

若考虑远离平均数值出现的理由，可以推测这是反映了该分门所集中的判语内容的特征。例如，在“人品门”中所处理的案件，有许多是关于地方胥吏的内容。“人品门”中的“公吏”项有 26 篇判语，“军兵”“厢巡”项则有 6 篇判语，仅此就占了判语数的 70%。这自然是与胥吏活跃的舞台，亦即与州、县密切相关的内容，构成了事案的主体。在判语中，例如有这样的表现方式：“……弋阳有孙、余二吏之横……”[12]、“……当职昨过铅山县，闻有十虎，极为民害，……”[13]类似这样的情况。

另一方面，人伦门中有父子、母子、兄弟、夫妇之类的子项目，是以家庭关系的一般伦理道德为主题的判语之分门。即使是具体的事案中，由于强调伦理道德的一般论，因此地域关系并不特别构成问题，也无此必要，从而可以看到很多省略登场地名的情形。至于“户婚门”中又分成两大主题，即以争夺土地等的“争业类”，以及血缘继承问题的“立继类”。前者虽有地域的问题，但其舞台是远低于县级的地域。当然其中也记录了构成问题的土地所在地，可是管见所及，并无举出县以上的部分。后者是“家”的继承问题，由于并非关于特定地域的问题，因此地名的出现频率也很低。这样一来，地名频率统计显示的就是“人品门”等三个分门的特征，其偏差也反映在全体的统计数值之中。

附带一提，观察频率高的地名与分门的关系，则“官吏门”中有江东路的信州、饶州，湖南路的潭州等；“户婚门”中有福建路的建宁府；“人品门”有江东路的信州、饶州；“惩恶门”则是浙东路、湖南路，以及江东路的信州、饶州等。信州、饶州在三个分门中显示出很高的频率。总之，我们可以确认各分门皆带有其地域上的偏差。

（2）与判语作者的关系

我们还想要检视的是判语作者的问题。可以预想的是，若收录大量特定个人的判语，则受其关系地域或经历之影响，可能会出现特定地名频率变高的情形。此处编制成表 1-4“判语作者的出身地与收录判语数”。这是计算《清明集》中某人的判语收录在某篇之中，并附上出身地所编制成的一览表。不用说，比起出身地，官职的履历更加值得注意，此点容后再述。在此先将有记录作者本名的判语，按照数量多寡次序列出。

据此表，首先注意到的是，以福建路的出身者占据明显多数。在有名字的 24 名地方官之中占了 12 名（画线者），亦即福建路出身者正好占据半数，他们所执笔的判语合计共占 170 篇。甚至除此之外，还有虽未记载本名，但可知是担任福建路地区的地方官所写的判语。例如，由建阳、建阳丞、建阳佐官、建佥、建仓、建倅等所执笔的判语共计 7 篇，这些判语合计为 177 篇，占《清明集》全部判语数的 35%。在福建路以外没有这样的例子。像这种判语作者的特征，也是推测《清明集》编纂者或许是福建路关系者的根据之一。[14] 但是，虽说是福建路，实际上是以建宁府占据压倒性的多数，这点必须注意。

其次，若看收录的判语数量，即可知道作者确实集中于特定

表 1–4　判语作者的出身地与收录判语数

序号	作者姓名	出身地	官吏	赋役	文事	户婚	人伦	人品	惩罚	合计
1	胡石壁	潭州湘潭县	6	4	2	15	20	8	21	76
2	蔡久轩	建宁府建阳县	6	3	3	17	8	15	19	71
3	范西堂	隆兴府丰城县	2	9	0	21	4	0	5	41
4	翁浩堂	建宁府崇安县	0	0	0	18	1	0	9	28
5	吴雨岩	建宁府建安县	6	0	0	2	1	8	8	25
6	吴恕斋	庐山	0	0	0	23	0	0	0	23
7	刘后村	兴化军甫田县	1	2	0	9	3	2	5	22
8	叶岩峰	—	0	0	0	13	0	0	0	13
9	宋自牧	建宁府建阳县	1	0	0	0	0	2	8	11
10	方秋崖	衢州	1	1	1	2	2	0	2	9
11	真西山	建宁府浦城县	3	1	0	0	2	0	0	6
12	马裕斋	婺州金华县	1	0	0	0	0	0	2	3
13	韩竹坡	—	0	0	0	3	0	0	0	3
14	韩似斋	—	0	0	0	3	0	0	0	3

续表

序号	作者姓名	出身地	官吏	赋役	文事	户婚	人伦	人品	惩罚	合计
15	姚立斋	南剑州顺昌县	0	0	0	2	0	0	0	2
16	王实斋	镇江府金坛县	0	0	1	0	0	1	0	2
17	李文溪	广州番禺县	0	0	0	2	0	0	0	2
18	叶息庵	邵武军邵武县	0	0	0	1	0	0	0	1
19	赵庸斋	福州	0	0	0	1	0	0	0	1
20	王留耕	福州	0	0	0	1	0	0	0	1
21	方铁庵	兴化军莆田县	0	0	0	1	0	0	0	1
22	赵惟斋	—	0	0	0	1	0	0	0	1
23	史沧洲	庆元府鄞县	0	0	0	1	0	0	0	1
24	刘寺丞	建宁府建阳县	0	0	0	0	0	0	1	1
合计			27	20	7	136	41	36	80	347

的人物。光是前两名的判语就占了四成以上，前五名则占了不足七成弱。正如“名公书判清明集”的书名所示，这是集结了编纂者认定为“名公”的判语。那么他们的履历又如何呢？根据陈智超、周藤吉之的研究，[15]我们把收录判语数达 20 篇以上的 7 人，依其任职地方官的履历大致整理成表 1-5“主要判语作者的任官履历”。

表 1–5　主要判语作者的任官履历

作者	主要任官履历
胡石壁	知平江府兼浙西提点刑狱、湖南提举常平、广东经略安抚使、广西经略安抚使、京湖总领财赋
蔡久轩	江东提点刑狱、浙东提点刑狱、知隆兴府
范西堂	永新尉、衢州录事、知崇仁县、添差通判抚州、通判蕲州、知吉州、广西提点刑狱、浙东提点刑狱、江西提举常平、湖南转运判官兼安抚事
翁浩堂	两浙转运判官、江西转运使、知临安府
吴雨岩	知处州、浙西转运使、淮东总领财赋
吴恕斋	知临安府、江东安抚使兼知建康府、福建安抚使、知福州、江西提点刑狱
刘后村	知建阳县、知漳州、知袁州、广东提举常平、江东提点刑狱、福建提点刑狱

将他们任职的区域按路分类计算，可得结果如下：

浙西 =6，浙东 =4，江东 =4，江西 =8，福建 =3，湖南 =4，其他 =5

尽管两浙、江东江西路地域的任官者很多，这的确是事实，但与登场频率最高的江东路有关的官职并没有特别多，且信州、饶州、建宁府等特定府、州的任官者也并非很多。因此，前述地名频率的偏差，在此无法说明。

总之，综观《清明集》全体内容，如反映“人品门”等各分门性格的地名偏差，以及福建路的频率之高等，这些现象必须注意。但是，在这些要素方面，并未发现足以修正地名偏差的材料。如此一来，前述提及许多地名集中在连结临安府与鄱阳湖一线的事实，并未动摇。先前，我们认为这种地名出现的倾向，可能与流通的发展有关。[16] 自唐代后半期以降茶业流通的活跃化，可能也是因素之一。[17] 只是，虽然至此的检视再次确认了地名频率的倾向，但并未找出其他的因素。是故《清明集》与地域间的关联，还有待进一步质性研究的深化。[18]

三、人名的分析

1. 女性的比例

再来考察人名的部分。首先是男女比例的问题。研讨这个问题的原则包括：（1）排除传说中的人名或引用文中的人名，（2）“文事门”因判语数较少，目前暂时排除不论。此外，有关性别主要是从姓名或从前后文中做适度的判断，可能会有若干误解之处。将男女人数以及女性占总数的比例挑出，即如表 1-6“男女性别人数与女性的比例”所示。

整体来看，女性约占一成多，男性数量占绝对多数。“男性原理”可谓贯穿全体。但是，各分门的差别很大，这也是事实。以比例来看，最多的“人伦门”是最少的“赋役门”的五倍有余。

表 1–6　男女性别人数与女性的比例

	官吏	赋役	文事	户婚			人伦	人品	惩恶	合计
				A	B	小计				
男女总数	169	93	14	406	771	1177	136	172	619	2380
男性数	153	89	14	362	646	1008	105	163	564	2096
女性数	16	4	0	44	125	169	31	9	55	284
女性的比例（%）	9.5	4.3	0	10.8	16.2	14.4	22.8	5.2	8.9	11.9

有些分门的女性较少，其理由不难理解。以“赋役门”来说，赋役问题起于征税现场，其关系人多半是身为户主的男性。“人品门”也是一样，其中胥吏的案件很多，当然以男性为主体。作为当时的社会状态，这自然能够理解。那么反之，女性比例很高的分门，又该怎么理解呢？

如前所述，“人伦门”一般涉及伦理道德的问题，其中又以家族道德占绝大部分，故当然与许多女性产生关联。虽说男性占据支配的地位，但是仅仅规范他们，也无法解决所有的问题。因为有必要处罚引起现实问题的女性，于是就产生了判决。例如，卷十“妻背夫悖舅断罪听离”的判语中提到：“今朱四目能视，耳能听，……初未尝有蔡人之疾也，阿张乃无故而谓之痴愚，欲相背弃，……杖六十，听离”，这是对阿张这位女性的处分。[19]她因对丈夫的恶行和虐待，成了被处罚的对象。又如卷十“妇以恶名加其舅以图免罪”的判语：“阿张为人子妇，不能奉尊长，首尾不及一年，厥舅两以不孝讼之。……其子当断，其妇当逐，然后理阿张决十五，押下，射充军妻”，这里处罚的是不顾其舅的阿张，[20]她也作为所谓“淫滥之妇”而遭受处罚。[21]与此类似，“人伦门”中有比较多的女性登场。这显示的是不能无视当时应受“教化”的女性的存在。

再者，“户婚门”的后半部分也有较多女性登场，其中涉及的是血缘继承的问题。在“命继”问题中，有“但夫亡妻在，从其妻”的法律规定，[22]故可见到被视为“家长”的女性。[23]此外亦可见到很多女性实质处分财产的例子，[24]从而一定程度上可以认定是女性意志的实现。因此，女性姓名即以相应的频率登场。

就此来看，虽说“男性原理”很明确，但却不能说是“男性万能”。隐藏在表面底下的女性存在，实际上是难以撼动的。《清明集》正是反映了那样的状况。有关女性的动向，请参照先前已发表的研究。[25]

2.“愚民”的问题与分门的性格

接下来是“愚民”的问题。我们将裁判文书中，其姓名使用数字的人视为“无名”的庶民。[26]他们作为应被教化的“愚民”，在“惩恶门”中占有很大的比例。但是，其中也包含了豪民这种当地有权势者，亦即一部分的中间阶层。尽管他们的经济基础以及对基层社会的影响力很大，但从官方角度来看，大体上仍只是庶民阶层。这种庶民应有的状态在《清明集》全体中又是什么样子呢？表 1-7“男性数量与包含数字的人名数之比例”，整理了男性姓名之中，包含了数字的人名数量及其比例。

值得注意的是，“惩恶门”中的比例极高，达到平均值的两倍。附带一提，若扣除“惩恶门”的话，平均值只有 14.5%，亦即“惩恶门”比例实为平均值之三倍。如同前述的考察，这如实地反映了“惩恶门”中系以所谓庶民阶层构成诉讼主体的事实。“人伦门”也有较高的数值，这可能也有对庶民进行道德教化的意味。

无论如何，从这些数值来看，说明了“惩恶门”在诉讼者的阶层方面，与其他分门之间存在着很大的不同。“惩恶门”以包含了一部分中间阶层的庶民阶层构成诉讼案件的主体，至于其他分门，虽也有例外，但基本上是以中间阶层[27]作为主体。此处附上的表 1-8“男性数量与包含官名的人名数之比例”，在此显示了包含官名的人名数量及其比例。[28]

一看即知，除了人数极少的“文事门”之外，“官吏门”比例压倒性居多，其次是“赋役门”。可以理解，这两门都涉及与

表 1–7 男性数量与包含数字的人名数之比例

	官吏	赋役	文事	户婚			人伦	人品	惩恶	合计
				A	B	小计				
男性数量	153	89	14	362	646	1008	105	163	564	2096
包含数字的人名数	19	3	0	58	105	163	23	14	250	472
比例 / %	12.4	3.4	0	16.0	16.3	16.2	21.9	8.6	44.3	22.5

表 1–8 男性数量与包含官名的人名数之比例

	官吏	赋役	文事	户婚			人伦	人品	惩恶	合计
				A	B	小计				
男性数量	153	89	14	362	646	1008	105	163	564	2096
包含官名的人名数	47	19	7	50	80	130	11	11	44	269
比例 / %	30.7	21.3	50.0	13.8	12.4	12.9	10.5	6.7	7.8	12.8

表 1–9 全体人数与古人数量

	官吏	赋役	文事	户婚			人伦	人品	惩恶	合计
				A	B	小计				
人名总数	192	97	28	410	786	1196	154	177	644	2488
古人数量	23	4	14	4	15	19	18	5	25	108
比例 / %	12.0	4.1	50.0	1.0	1.9	1.6	11.7	2.8	3.9	4.3

官僚关系很深的事案。反之“惩恶门”刚好处于对极，可以提供很好的对照。另外，“官吏门”收录的判语，如其文字所示，是以官吏为主要对象的“官场”问题的判语和训示，并涉及国家机构构成人员的问题。这点是“官吏门”与其他分门之间很大的区别。

综合表1-7、表1-8并参考目前的分析，则各分门登场的人群及其所属阶层的基本特征也逐渐浮出水面。“官吏门”是国家机构构成人员阶层，从“赋役门”到“人品门”是胥吏与当地有权势者等中间阶层，至于“惩恶门”则是以包含豪民等当地有权势者的中间阶层和庶民阶层为主体。此外，“人伦门”中的庶民阶层和女性较多，“人品门”则庶民阶层与官僚皆少，也就是说，可以确认两者的连接点是地方胥吏。

最后附加一项统计。此即判语中引用的古人数量。如表1-9“全体人数与古人数量”所见，虽然“文事门”的全体人数不多，但古人的比例占到了一半。因其事案以有关学校的人作为主体，故引用许多故事或圣人言行。次多的是“官吏门”与“人伦门”，也反映了具有道德教训的判语性格。反之，比例很少的分门，则并非以教训，而是以现实性的记述优先。如此，对各分门的特点可以得出更明确的认识。

四、其他要素的分析

除以上人名、地名之外，尚有其他要素可作为探讨《清明集》特点的线索。我们接着看看有关判语中的年号和引用法令。

1. 有关年号

将全部判语中的年号挑出，整理成表1-10“各分门的年号频率”与表1-11“各年号的频率”。在此检视的原则是：（1）各判语中记载的年号全部计算，（2）年号部分若有省略，也计为一次。例如记载“嘉泰元年、二年”的话，则“嘉泰”计为两次。（3）若是“××年间”的年号，则计为一次。（4）排除以天干地支表示的年号，等等。再者，（5）在表1-11中，也标示出“户婚门”平均每年出现年号的次数。

根据表1-10，年号有81%出现在“户婚门”，远超过其他分门。因此，这里不妨仅以“户婚门”作为关注中心。如此，大约每一篇判语几乎都会记载一次年号，特别是在A部分中，每一道判语甚至出现一到两次的年号。年号与“户婚门”A的记述内容，具有密切的关系。亦即，当发生土地等纠纷时，其审理材料必须依据契约书等证据，严密地确定契约的年月、内容等来做出判决。此处关于资产问题的裁判，显示了一种严密地依照证据以指挥诉讼的方式，这与“赋役门”也有部分是共通的。[29]

产生这种严密的诉讼指挥的背景，是来自关系人的高度关心。因备受关注，压力亦大，故裁判官有必要根据明确的证据，做出更为客观且公正的判决。另一方面，这也表现了裁判关系者们具有高度的教养。这是能够正确地理解契约书或判决文等文书的人们之间的争讼。如次项所见，引用法令之多，亦为其共通特征。这是属于所谓知识阶级、持有大量资产的主角们的纷争。

再据表1-11来看，“户婚门”记载的年号大多为从开禧、嘉定到嘉熙、淳祐之间。从每年频率来看，系以嘉定到嘉熙年间为中心。此为从宁宗到理宗，即1208—1240年约三十余年间，在此期间制作了大量的契约书与作为证据的文书。

那么判语书写的时间点是在何时呢？这有可能确定吗？事实

表 1-10 各分门的年号频率

	官吏	赋役	文事	户婚			人伦	人品	惩恶	合计
				A	B	小计				
年号数	4	15	1	111	68	179	7	8	7	221
每卷平均之年号数	2	—	—	37	22.7	29.87	7	8	2.33	15.8
每判语平均之年号数	0.06	0.45	0.11	1.54	0.55	0.92	0.16	0.18	0.06	0.44

附注：因“赋役门”、“文事门”系两者共一卷，计算上无法得出平均数，故此处特以“—”表示之。

表 1-11 各年号的频率

年号（公历）/分门	官吏	赋役	文事	户婚				人伦	人品	惩恶	合计
				A	B	小计	年均次				
庆元以前	1	10	0	25	20	45	0	3	4	5	68
嘉泰（1201—1204）	0	0	1	1	1	2	0.5	0	0	0	3
开禧（1205—1207）	0	0	0	5	3	8	2.67	0	0	0	8
嘉定（1208—1224）	1	5	0	30	15	45	2.65	2	1	1	55
宝庆（1225—1227）	0	0	0	6	5	11	3.67	0	0	0	11
绍定（1228—1233）	0	0	0	18	10	28	4.67	0	0	0	28
端平（1234—1236）	0	0	0	4	4	8	2.67	0	0	1	9
嘉熙（1237—1240）	0	0	0	9	5	14	3.5	0	1	0	15
淳祐（1241—1252）	2	0	0	3	1	4	1.08	2	2	0	10
宝祐（1253—1258）	0	0	0	3	1	4	0.67	0	0	0	4
开庆以后	0	0	0	0	0	0		0	0	0	0

上，从判语记述得以推测其写定年份者，在《清明集》全书中约占 31 篇。其中“户婚门”就占了 26 篇。如卷四“王九诉伯王四占去田产”的判语指出：

> 今索到游旦元买契，系是王九父王昕着押，开禧元年交易，次年投印分明。……今业主已亡，而印契亦经十五年，……[30]

自开禧二年（1206）过了十五年后的“今”，即嘉定十四年（1221）。整理这些记述的结果即表 1-12“判语的作成时期（包含推定）”。此处整理了哪些时期写成了多少篇判语的结果。

表 1–12　判语的作成时期（包含推定）

	判语数	推定
嘉定（1208—1224）	5	以后 2
宝庆（1225—1227）	0	
绍定（1228—1233）	0	
端平（1234—1236）	2	*
嘉熙（1237—1240）	3	│ 1 * │ 3
淳祐（1241—1252）	10	以后 1 * * *
宝祐（1253—1258）	1	│ 1 *
开庆（1259）	1	
景定（1260—1264）	0	以后 1

注：

所谓“以后”，指的是推定该年号期间之后

*—*指的则是推测于此一期间之内

一看即知，理宗淳祐年间（1241—1252）是判语作成的主要时期。虽然“户婚门”以外的分析材料很少，但仍可以从这个时期中求得《清明集》世界的历史性。这一认识符合陈智超的主张，亦即宋版刊刻于1261年稍后的时间，[31]但与仁井田升认为这是绍兴到淳祐约百年间的判语集成的见解稍有不同。[32]此外，为何《清明集》搜集的是这个时期的判决文？有关其编纂背景，只能留待日后研讨。[33]

总之，借由研讨年号，可以厘清“户婚门”的证据文书重视主义，以及构成诉讼主体的阶层，乃至《清明集》的编纂时期等问题。

2. **有关引用法**

其次，计算判语中引用的法令条文数，制成表1-13“各分门的引用法令数”。其统计原则为：（1）据“在法”等引用的法令和以此为准者；（2）不区别律或敕（包含看详、指挥）；（3）即使引用不完整的法文，也以引用法令理解之。

在此，“赋役门”和“户婚门”特别引人注意，其次“惩恶门”也引用了较多的法令。前二者的比例，大约是每两篇判语即引用一条法令。就此，显示在“赋役门”（国家劳役收取的问题）和“户婚门”（土地、血缘继承争夺等问题）之中，特别要求基于法令作出严密的裁判。“赋役门”在职务执行方面，是为了展示国家权威，而“惩恶门”也是一样，具有明示“政府”威严的意味。另外，在“户婚门”中，与前述年号问题相同，也有必要客观明了地表示判决的依据。并且，B部分的频度很高，显示在血缘继承问题方面，作为欲使当事人接受的材料，必须经常援用国家的法令。亦即，从此处国家介入宗族内部的纷争，或被要求扮演调停者的角色，从中可以窥见当时国家与宗族的关系和裁判的实态。

另一方面，“文事”“人品”两门完全没有引用法令。姑且不论判语数很少的“文事门”，这表现出“人品门”这个分门所持有的一个特征。在此极端地说，这里明白显示了，裁判官在作出一个判决之际，没有必要依据任何法令。可以说，任由裁判官裁量的部分相当大。为何如此？这是因为“人品门”的主体是胥吏（亦包含宗室、士人），裁判官在裁决时与其运用严密的法令，还不如基于“人情”原理来作出判决更为妥当。[34]思及前述，他们的社会存在形态，使人感觉这种可能性很高，从这个角度来看，当时的裁判具有微妙且意味深长的特征。有关这种裁判的判决基准及其适用的部分，将留待下一章考察。

结语

整理以上分析前，先提示若干比较的材料。此即中华书局版《清明集》附录二根据黄干判语所作的统计表。该表并未根据判语分类，也没有加入编纂者的意志，可说显示了所谓平均的判语的状态。本文据其再重新整理各要素，得出表 1-14“黄干判语所见的诸要素”。

据此，其分量大约相当于《清明集》的一个分门，恰为比较对象的绝佳素材。首先观察每道判语的页数，其数值近似“户婚门”，这表示判语的省略部分很少。有关地名分布，因（黄干判语）属个人作品，分析上难免有些勉强，频率方面则与“官吏”“赋役”“惩恶”各门相同。这也可作为前述论点——这三门大致代

表 1–13　各分门引用法令数

	官吏	赋役	文事	户婚			人伦	人品	惩恶	合计
				A	B	小计				
法令数	9	10	0	31	68	99	8	0	45	171
每卷之法令数	4.5	—	—	10.3	22.7	16.5	8	0	15	12.2
每判语之法令数	0.13	0.45	0	0.43	0.55	0.51	0.19	0	0.39	0.34

附注：因“赋役门”、“文事门”系两者共一卷，计算上无法得出平均数，故此处特以“—”表示之。

表 1–14　黄干判语所见的诸要素

判语数	页数	每判语之页数	地名	每判语之地名数	人名总数	女性（占比 /%）
37	45	1.22	25	0.67	215	16（7.4）

包含数字的姓名（占比 /%）	包含官名的姓名（占比 /%）	年号数	每判语之年号数	引用法令数	每判语之法令数
29（13.5）	51（23.7）	17	0.46	5	0.14

表平均值——的证据。其次是人名。女性的比例稍低，比“赋役门”“人品门”更多，近似于“惩恶门”的数值。又，可视为庶民的人名，约与排除“惩恶门”后的平均值相近。另一方面，在包含官名的人名中，显示出比“赋役门”更大的数值。这应是引用了许多担任裁判的地方官之姓名，且研讨其判决妥当性的判语很多的缘故。附带一提，在51个人名中有12个是裁判担任官的姓名。这虽可视为黄干判语的特征，但从一般地方官的角度来看，并无特殊之处。再者，年号数与《清明集》的平均值相等，引用法令数则等同于“官吏门”。

分析黄干判语的内容，表明其与《清明集》的平均值极为近似。换言之，这也可作为本文分析《清明集》各分门特征的证据。

据以上各点整合本章所论的内容。在此，可以确定《清明集》表现的各种要素，其数值带有很大的偏向性，从而一定程度上可以推定其所反映的各分门的内容特征。为了方便后续研究，将其按条整合如下。

（1）明版《清明集》的编纂重点在于“户婚门”。这可从卷数构成、每篇判语长度加以推测。

（2）《清明集》登场的地名，大多位于从临安府至鄱阳湖的交通路线上，以及福建路建宁府。建宁府的地名很多，这可能是因收录判语的作者大多是福建路地域的关系者。

（3）“人品门”的地名记载很多，这是因其中有关州、县胥吏犯罪的文章很多。反之地名很少的“人伦门”，则以一般伦理道德为主题的判语居多。

（4）“人伦门”和“户婚门”B部分登场的女性比较多。这里涉及不可忽视女性存在的问题。此即有关家族的伦理道德与血缘继承的问题。

（5）庶民阶层的比例最多的是“惩恶门”，其次是“人伦门”。“惩恶门”涉及的是以庶民阶层为主体的事案，“人伦门”涉及的则是包含庶民的伦理道德。对此，其他五门则是以上层阶级，亦即中间阶层以上作为主体。其中“官吏门”则以国家机构的构成人员为主体。

（6）在“文事门”中，依据故事而生发的教训文章引人注目。

（7）“户婚门”不仅占全体的分量很多，且严密的证据文书审讯和参照法令的判语也很多。从中可见当时中间阶层关注的焦点。

（8）“人品门”的判语没有引用法令。可知其十分依赖裁判官的“人情”以作出判决。

综合这些研讨结果，重新将《清明集》各分门的大概特征整理成表 1-15“各分门的特征”。依据各自项目，以“○”代表大的数值，以“▲”代表小的数值，未作为研讨对象者则以“—”来表示。如此整理后，可以很容易地再次确认各分门的特性。

以上虽是研讨结果，但如何解释本文抽出的数值，实为自由度很高的工作，许多地方仍有待今后的研究。在此是基于本人目前为止的研究，于其延长线上思考所得的结果。

表 1–15　各分门的特征

	官吏	赋役	文事	户婚	人伦	人品	惩恶
卷数		▲	▲	○			
判语数			▲	○			
页数			▲	○			

续表

	官吏	赋役	文事	户婚	人伦	人品	惩恶
每判语之页数			▲	○			
	官吏	赋役	文事	户婚	人伦	人品	惩恶
地名			—		▲	○	
女性		▲	—		○	▲	
包含数字的姓名		▲	—				○
包含官名的姓名	○		—			▲	▲
古人		▲	○	▲	○	▲	
年号			—	○			
引用法令		○	—	○		▲	○

补注：

最近许浩出版了《〈名公书判清明集〉词汇研究》一书（人民出版社，2013）。其中也有与本章共同之处，即以研究《清明集》的语汇作为问题意识。例如，也有包含数字的人名之研究，也提出了与本稿稍稍相异的视角。不过，基本的理解方面差异不大。有兴趣的读者请自行参照。

只是其中也有中国的研究著作常见的缺点，即完全不参考本书或日本积累的研究成果。众所周知，在日本对《清明集》的语汇解释引起了各式各样的辩论，作为成果，也有很多获得共同理解之处。这些成果当然也是作为“中国史”学界的财产，为众人所共有，并且应该从中催生出未来的研究。尽管如此，该书对这些成果只字未提，仅仅参考了中国方面的研究就完成了一本著作，简直令人难以置信。不得不说，这已经脱离了近代学问研究方法之常识。像这样的例子很多，中国学界目前仍在出版很多完全不涉猎日本研究的研究著作。这是十分值得忧虑的状况，希望能早日得到改善。

注释

1　仁井田升：《清明集户婚门研究》（〈清明集户婚門の研究〉），载于《中国法制史研究：法与习惯》（《中国法制史研究：法と慣習》），东京大学出版会，1980年补订版，等等。石川重雄编：《宋元釈语语汇索引》（汲古书院，1995）网罗了有关《清明集》的研究。参考小川快之：《〈清明集〉与宋代史研究》（〈《清明集》と宋代史研究〉），载于《中国——社会与文化》（《中国——社会と文化》），18，2003；同作者《宋—清代法秩序民事法关系文献目录》（〈宋—清代法秩序民事法関係文献目錄〉）；大岛立子：《前近代中国的法与社会》（《前近代中国の法と社会》），大岛立子编，东洋文库，2009；等等。

2　滋贺秀三：《中国家族法原理》（《中国家族法の原理》），创文社，1967；高桥芳郎：《宋代中国的法制与社会》（《宋代中国の法制と社会》），汲古书院，2002；同作者《宋清身份法研究》（《宋—清身份法の研究》），北海道大学图书刊行会，2003；等等。

3　《清明集》研究会：《“名公书判清明集”（惩恶门）（人品门）（人伦门）（官吏门）译注稿》，汲古书院，1991—2010；大泽正昭：《固执己见的愚民们》（《主張する〈愚民〉たち》），角川书店，1996；等等。

4　陈智超：《宋史研究的珍贵史料》，载于《名公书判清明集》附录七，中华书局，1987。

5　高桥芳郎：《名公书判清明集》，载于滋贺秀三编，《中国法制史》，东京大学出版会，1993。

6　陈智超：《宋史研究的珍贵史料》，第 668 页以降。

7　大泽正昭：《主張する〈愚民〉たち》，后记。

8　例如“惩恶门”卷一二“贡士奸污”有“售仪曹子贾”，这可能是“旧仪曹子贾”之误，我推测这可能是一种官职名与人名的组合，但无法确认。

9　大泽正昭：《主張する〈愚民〉たち》，第 220 页。

10　陈智超：《宋史研究的珍贵史料》，第 681 页。陈氏计算全体为 473 篇，本书因为将本文也计算进去，因此得出全体为 507 篇。

11　不用说，《清明集》是一种编纂史料，是对原书进行适度编辑的产物。因此，文义不通的部分很多，这是此书变得难以理解的原因之一。从表 1-1 的数值来看，“户婚门”在编辑过程中，可能有较多部分残留下来，有待今后研究。

12　《名公书判清明集》卷十一“违法害民”。

13　《名公书判清明集》卷十一“十虎害民”。

14　陈智超认为《清明集》的编印者是籍贯为崇安县的人，因此该书收录的判语作者，其中出身福建或是具有福建任官经历的人物很多。陈智超：《宋史研究的珍贵史料》，第 651 页。

15　陈智超：《宋史研究的珍贵史料》。周藤吉之：《关于古典研究会刊・静嘉堂文库藏〈名公书判清明集〉》（〈古典研究会刊・静嘉堂文庫藏《名公書判清明集》について〉），载于《宋代史研究》，东洋文库，1969。其他，可利用昌彼得等编的《宋人传记数据索引》，鼎文书局，1983—1988。必要时亦参照《宋史》本传、《咸淳临安志》与吴廷燮《南宋制抚年表》（中华书局，1984），等等。

16　大泽正昭：《主張する〈愚民〉たち》。

17　根据矢泽利彦：《绿茶与红茶》（《グリーン・ティーとブラック・ティー》），汲古书院，1997，清代的红茶在崇安县集中之后，越过武夷山脉再出河口镇，从饶州渡过鄱阳湖，再沿赣江运送至广东，

其后据说输出海外（第七章论及茶叶的输送之道、传教士的来途）。虽然不清楚南宋时代是否也有像这样的茶叶输送路线，但在思考交通路线方面仍有启示作用。

18　关于这点，例如小川快之的研究。参考其《传统中国的法与秩序——地域社会的视角》（《伝統中国の法と秩序——地域社会の視点から》），汲古书院，2009。

19　《名公书判清明集》卷十“妻背夫悖舅、断罪听离”。

20　《名公书判清明集》卷十“妇以恶名加其舅、以图免罪”。

21　在这道判语中，也并非将阿张认定为“淫滥之妇”。但是，所谓“射充军妻”的处分，与卷十二“因奸射射”条的“其妻阿朱免断，押下军寨射射”，亦即所谓“淫滥之妇，俾军人射以为妻”的处分，还有卷十四“把持公事、欺骗良民、过恶山积”条之“检法书拟”中所谓“赵秀本是官妓，……押下雄楚寨，与戍兵射给多中者为妻”的处分都是一样的。又参考大泽正昭：《主張する〈愚民〉たち》之五“外遇女射击竞赛的奖品”（〈浮気女は射撃くらべの賞品〉）。

22　此法在整个“户婚门”中引用了四次。举其中之一如下。卷七“双立母命之子与同宗之子”：“但夫亡妻在，从其妻，法有明条。……又法：其欲继绝，而得绝家亲尊长命继者，听之。”（原文引用史料次序前后错置，此处调整之。——译者注）

23　例如《名公书判清明集》卷八“当出家长”：“立继之法，必由所由。李氏既是家长，则立继必由李氏。……则明孙之立，乃出于群党之私计，而非出于李氏之本意明矣。”据此，表示对于女性家长李氏意志的尊重。另外关于这个问题，参考滋贺秀三《中国家族法の原理》第二章第四节“家務の管理”。

24　例如在卷八“治命不可动摇”中，也承认寡妇曾氏的意志。其内容为：“自从其夫吴坦下世，每事皆系曾氏处分，则议立吴镇，亦须听从其愿，他人何预焉。”

25　拙著《唐宋时代的家族・婚姻・女性》（《唐宋時代の家族・婚姻・女性》），明石书店，2005。

26　大泽正昭：《主張する〈愚民〉たち》。简单地确认的话，在“惩恶门”中登场的人物，有很多不是以本名，而是以数字为名。我认为这是以数字表示行辈的一种通称。当然，尽管即便庶民以外的人也会用数字来表示行辈，但在记载判语这种正式文书中，应该还是会使用本名。因此我判断这里应该属于例外的用法。

27　有关中间阶层的问题，参考拙稿《对于中间层论与人类关系论的一个视角》（《中間層論と人間関係論への一視点》），载于中村哲编《东亚专制国家与社会、经济》(《東アジア専制国家と社会・経済》)，青木书店，1993。另外，在斯波义信的《南宋“中间领域”社会的登场》（〈南宋における“中間領域”社会の登場〉，载于《宋元时代史基本问题》，汲古书院，1996）一文之中，也提到中间性集合领域、社会领域的问题。

28　大泽正昭：《主張する〈愚民〉たち》。简单地确认的话，这里可以列举出在姓的后面附上官职名称或散官名称的人物。例如赵知县、王朝散这样的人名。这里可能包含了与案件无利害关系、仅担任审判的人物名字。因其数量很少，可以无视。

29　观察“限田”的小项目可知，在关于役的案件中，资产即构成问题。诸如其所有人、所有额等皆受到审查。在此过程中，买卖契约等受到了仔细的审查。

30　《名公书判清明集》卷四“王九诉伯王四占去田产”。开禧元年为1205年。

31　陈智超：《宋史研究的珍贵史料》，第650页。

32　仁井田升：《中国法制史研究：法と慣習》，第373页。

33　高桥芳郎也提及这点，参照其论文《名公书判清明集》。据此，他指出这是在“新官僚群辈出”下，产生对于地方行政用的指南手册（handbook）之需求，以及“对应社会经济复杂化的现象，在法制方面的新局势”。

34　滋贺秀三认为在判决之际的法源方面，主要是“情、理、法”，亦即“人情、国法、天理”这三点。关于这点在将于下一章展开。又，在《主張する〈愚民〉たち》中，我认为关于那些将重点放在“情”的诉讼形态中，具有“对立与依存的构造”。

第二章

胡石壁的“人情”

——《清明集》定性分析的尝试

前言——问题所在

如前章所述，自 20 世纪 80 年代中期发现明版的《清明集》以来，就累积了许多使用此贵重史料的研究。[1] 但是研究取得进展的同时，依然留下许多尚待解明的问题，其中之一就是围绕此书史料特点的问题。在前章中，尝试以定量分析的方法进行研讨，达到了一定的认识。但是，这很明显只是所谓外在的性格，当然无法掌握其性质的面向。因此本章尝试从别的视角分析《清明集》所载判语的特点。此处欲针对判语内容，分析其成分。本章模仿前章副标题“定量分析的尝试”，以“定性分析的尝试”名之。

有关《清明集》的特点定位，过去曾有“著名官人”的“判决集”等说法，[2] 但自明版发现以后，其整体面貌变得更加清晰，遂有了新的特点定位。陈智超指出，除了著名官人的著作这点之外，还有“宋代诉讼判决与公文书分类编纂”的特点。[3] 另一方面，高桥芳郎则采取“有关地方行政的指南手册（handbook）”的简洁定义。[4]确实，考虑到时代背景等面向，也可以理解高桥的判断根据。但是，我们在进行《清明集》译注作业的过程中，[5]意识到这种定义无法充分地表现其特点。因为，当《清明集》被视为一种“指南手册”时，我们认为若与其他官箴书相比，最重要的并非其功能性的叙述，而是其内容构成的偏向。如前章所见，《清明集》全部14卷中，“户婚门”就占了6卷，“惩恶门”则占3卷，在数量上明显偏多。倘若这足以反映当时实际诉讼案件之数量清单的话，那也就罢了。可是从卷三“赋役门”判语数量的稀少来看，实在很难将其理解为诉讼状况的反映。这是牵涉税役的诉讼理当更多之故。另外，若说是“名公”的判语，可是如朱熹或黄干的判语却一篇也没有采录（朱熹在宋版《清明集》中被列为“清明集名氏”，但无判语），采录判语数量上也特别集中于某些作者。进而其收录的分门亦有偏重倾向。

例如，胡石璧（名颖）与蔡久轩（名抗）可谓《清明集》收录判语的两大作者。我们再次确认其收录判语的篇数、分门及其占全部篇数与占各分门篇数的比例，如下所示。

*胡石璧/全体　76/ 506篇（15%），其中：

官吏门6/67篇（9%）、赋役门4/33篇（12%）、文事门2/9篇（22%）、户婚门15/195篇（8%）、人伦门20/43篇（47%）、人品门8/45篇（18%）、惩恶门21/114篇（18%）

*蔡久轩/全体　71/ 506篇（14%），其中：

官吏门6/67篇（9%）、赋役门3/33篇（9%）、文事门 3/9 篇（33%）、户婚门 17/195 篇（9%）、人伦门 8/43 篇（19%）、人品门 15/45 篇（33%）、惩恶门 19/114 篇（17%）

两人的判语分别约占全体的一成五，合计约占三成弱[6]。另外，排除采录判语数较少的“文事门”后，胡石壁一人的判语就占了“人伦门”的将近五成，蔡久轩则是占了“人品门”的三分之一（画线部分）。也就是说，对编纂者而言，“人伦门”中的胡石壁判语以及“人品门”中的蔡久轩判语可说是最重要的。从当时判语的全体分量来看，这种选择究竟是否妥当？不无疑问。再者，判语长度也各有不同。蔡久轩判语在标点本行数三行以下者也有 18 篇（25% 以上）。其中也采录了一些内容难以理解的判语。

这些事实有一部分是因为，《清明集》到明版为止已历经多次刊行，其过程中反复发生了严重的杜撰，使得原版本早已面目全非。[7] 不仅如此，在判语采录方面，唯有考虑到编纂者的个人意志发挥了相当强的作用，才能给予合理的说明。只是这种意志究竟是什么？这虽是个问题，但我们的研究目前仍不充分。本文仅是考察的开端。

总之，本书的内容，亦即对于判语的评价，深深反映了编纂者的意志，但未能反映其构成与功能。从而，无法认为此书是对地方官实务产生帮助的“指南手册”。倒不如像陈智超所说的，这给人一种整理判语重要部分（编纂者的判断）的类书这样的印象。虽说如此，但仍有必要研讨一下本书的史料特征。

在此试着考虑判语的构造。通常的裁判，在受理诉状后，会经过“推鞫—录问、检断—断案”三阶段的手续。[8]因此判语本来也应该是反映这种阶段的文书文言。在此，如仁井田升所说的“判决理由”，即“到达主文判断的推理过程”应“被详细记录”。[9]这正是研究的线索。若将判语构造整理为图式，大约可概分为如下三个部分。

（1）事实确认（供述、调查证据）+（2）研讨适用法律 +（3）判断（裁判官见解 + 量刑、调停）

这里应注意（3）判断的部分。这是展现判语作者手腕之处，也是直截了当地表现作者思考方式与判语性格的部分。我们拟针对这部分，特别是以裁判官见解的部分作为分析的题材。此时，问题在于裁判时的判断基准。目前为止的研究已指出“天理”“国法”“人情”三原则的存在，对此尚有几种不同见解。这里就从检讨此种见解来展开考察。以下进入论争的研讨。

一、“人情”论争

滋贺秀三分析清代裁判文书后，提出了判断基准的三个原则。[10]一般认为这个见解大致上是可以成立的。但是，有关三原则的内容如何理解，则有不同意见，而关于“人情”原则也存在着争议。以下参照滋贺的理解作为考察课题。

滋贺严密细致地分析了清代裁判之后，指出“民事法源”即“裁判之根据”存在着“人情”“国法”“天理”这三个原则。其中“国法”作为重要的原则，这点应该没有问题，但有关“人情”“天理”原则，则残留着暧昧的部分。首先仔细地观察一下滋贺对这两个原则的议论。他对“理”与“情”有如下的叙述：

"理"与"情"，……简化其名词即为"情理"的惯用语，两者连结使用的场合并不少见。（第 277 页）

所谓情理，若说是有关社会生活方面的一种健全的价值判断，特别是一种平衡感觉，应该也可以理解。应注意的是，情理作为一种习惯，未必能从实证上加以证明，这也是事实。（第 283 页）

……"理"就是针对事物所做的思考判断，从而可谓于同种事物间具有普遍性，并使其妥当化的道理。（第 285 页）

"情"字的含意如其所示，具有很多面向，很难说明。但它也正是解明中国"情理"的关键。（第 286 页）

……理与情既是对立的概念，同时又是彼此互补的。"情理"即形成中国的良识（健全的判断力）。这也可说是最普遍存在的裁判基准。其中还可见到，特别是人情具有超越一切的倾向。（第 288 页）

国家法律就是情理部分地实体化的结果，情理一般的运作方式，是带有赋予线索的性格。是故，法律文言中也应有借由情理来解释或加以变通之处。（第 290 页）

如此，滋贺指出了"情"与"理"的重要性，特别是把"人情"作为最根本的原则。但是，它很难"得到实证"，且如"中国的良识"这个说法，也是十分宽泛的基准。我们可以充分理解滋贺所说的内容。只是，这不可否认也残留若干疑问。亦即，将"人情"与"天理"作为各自分别的法源，进行割裂式的思考，这样做究竟是否妥当？这两个原则在裁判官的思考中，难道不是存在于一体的吗？这也是疑问。就这点来说，滋贺给人一种以近代理论来裁断前近代理论的印象。这点容后再述。

不管如何，佐立治人批判了滋贺的观点。[11]佐立网罗《清明集》中表现出“人情”和以其为基准的32个例子，逐一做了详细的检讨。其结果指出如下几点：

> 从《清明集》所能读取的民事裁判世界中，不妨认为“人情”作为判断基准的作用绝不算太大。（第313页）
>
> 在《清明集》的民事裁判中，可以确认一般庶民的当事者，实际上也能自行援用制定法。（第321页）
>
> 在《清明集》所能读取的民事裁判世界中，相对于“必须根据制定法，从当事者主张的是非之中，判断何者正确”这种裁判官的信念，我们还可以确认另一种前后一贯的逻辑，即“诉讼当事者一方为了获得胜利，只引用对自己主张有利的法律，并且只提出对自己有好处的法律解释”。（第324页）
>
> 《清明集》的民事裁判，是依据法律针对当事者主张之是非，判定二者择一的裁判，绝非基于情理所做的教谕性调停，趁此机会预先强调这点，并非毫无意义。（第326页）

也就是说在南宋的“民事”裁判中，“人情”原则的“作用绝不算太大”，而是“依据法律”“判定二者择一的裁判”。进而“一般庶民的当事者”也会“援用制定法”。

滋贺对于这样的批判也提出了意见。[12]他一方面从调停裁判之性格，以及“人情”与“法意”的关联来提出反论，同时也大致认同“人情”事例所得的分析结果。

确实，佐立提出研讨的“人情”事例既详细且严密，可认同之处颇多。例如，以主张法律优位这点来说，在《清明集》的判语中，既重视自供、证言等文书证据，并且也围绕适用法令进行议论，以做出“二者择一”的判决，这类事例十分明显。这点是与清代裁判的不同之处。

但是，研究对“人情”原则的理解时，只限定于“人情”和以此为准的用语，这样真的恰当吗？在判语中，并未确立以“人情”作为表示判决基准的术语，而在判语中也并非必然使用这个词。亦即，若只在限定这个用语的狭窄范围内来理解“人情”的话，就会产生这样是否恰当的疑问。本来，“人情”就是深深植根于裁判官的感觉之中，若仅限于“人情”这个用语，则难以充分表现出来。滋贺在强调“人情”的重要性时，也提示了应把比“情理”更广阔的概念当作法源。以宋代来说，如今也必须以更开阔的视野来进行研究。简洁地说，即使不使用“人情”或“情理”等用语，不是也可能表现出“人情”的原则吗？我们希望以更加开阔的视野去解读判语，希望尽可能明确地捕捉宋代裁判官的构思方式。率直地说，这是我个人的关心，亦是社会史式的关心，我不想漏看了其中所表现出来的历史与社会性的情况。

还须提到一点，即当时的“一般庶民”也会援用法律，我无法接受这个论点。所谓讼棍或当地知识分子等，他们具有法律相关知识，这是当然的。但能否将他们理解为“一般庶民”呢？我认为应将他们与“一般庶民”加以区别。我的理解是，不如说他们更像是前章提及的“中间阶层”或与其相近的阶层。

另外，刘馨珺发表了运用《清明集》的有意思的研究。[13] 其中提及这个争论，并批判了佐立的观点，亦即：“愚以为收集统计判决文中使用某一名词，固然可以看出使用语词的‘基础’，但每一案都有其案情背景，有时反而容易陷入见树不见林的困境”，他指出了限定于一个用语的危险性。在此基础上，刘氏自身有关“听讼与定罪”的结论，如下所示：

> ……南宋的“名公”行政官僚们所建立的“吾心如秤”、“酌情区处”的理性态度，即详究案牍所载的事“情”，透过“理法”的行政程序，找出“道理”，检查“法”令，通贯“天理”，平衡“人情与法意”，作出最合于“情理法”的判决。（第 285 页）

虽有若干难解之处，但刘将此结论以图示表示（第 286 页），观察其内容，即可知在实际判决方面，最重要的原则就是“人情与法意”的平衡。在“人情”原则的理解上，这是比佐立更宏观的研究。

观察以上议论可知，如何为南宋裁判中的“人情”原则赋予适当的位置，犹有研讨之余地。接着就贴近《清明集》来展开进一步的考察。

二、胡石璧判语中的“天理”“义”“疾恶”

研究《清明集》的判决基准时，理当将其全体作为对象。但是本书限于篇幅，没有这样的余裕，因此只能考察《清明集》的主要部分。于此请回想起前述所见的“偏向”。收录于《清明集》的判语作者，胡石璧和蔡久轩两人堪称双璧。本文目前即想尝试分析、比较这两人判语各自的构造。为此须按三原则来区分他们的判语。亦即针对判语的内容，以三原则各自分类，将其制作成摘录记述的一览表后，再于此基础上展开考察。

但在区分判语内容时，有必要宽泛地理解三原则各自的内容。我们不能拘泥于是否使用“人情”“国法”“天理”等词语，而应根据判语的文义来进行判断。于是，简洁地摘记应注意的表现方式后，即制成了表 2-1 与表 2-2。其中有关“国法”的部分，因其表现方式较易理解，未产生疑问之处。问题在于“人情”与“天理”。以下研讨这两个原则。

首先，在观察胡石壁判语中表现的“天理”部分之前，先借《宋史·胡颖传》简单地看一下他的经历。胡石壁，名颖，潭州湘潭人，绍定五年（1232）进士。其后任浙西提点刑狱、湖南提举常平等职。他“性不喜邪佞”，擅长判语，且能于匆促之间援用“经史”，写出切当“事情”且文辞优美的判语。[14]确实，只要读了《清明集》收录的判语，就会知道这是适当的评价。我们在制作《清明集》的译注稿时，调查原典出处也是重要工作之一。

所谓“天理”，诚如滋贺所言，即“于同种事物间具有普遍性，并使其妥当化的道理”，“使所有人类妥当的规范”。[15]但是，像这种“道理”“规范”的范围多少也会因人而异。那么对于胡石壁来说又是如何呢？

如概观其判语的表现方式，首先最容易了解的就是人名、书名的例子。以圣人、君子为例，举出从孔子、孟子直到唐代韩愈为止的人物，并以他们作为言行的模范。而且，书名则以儒教经典居多，但有时不会举出书名，而是引用经典的文句。表 2-1 为了避免烦琐，遂不逐一列举这些引用文言的典据，只在有列出书名时予以摘记。

再来观察使用的语汇。首先是：（1）意味“天理”的用语，即“道理”“人伦”“孝”“友”“仁”等词语。此外，（2）“义”虽有自身“正确”的意味，但与此相较，它也有结合其他用语，以作为评价基准使用的时候。另一方面，还须注意与这些相反的表现方式。如（3）“疾恶”，即表现为胡石璧憎恶、排斥的行为，以此反向思考，亦可窥见“天理”之所在。综合地考虑上述的（1）到（3），应能理解胡石璧心中所想的“天理”原则。

接着看看表2-1的天理部分。在（1）的用语中，除前引例子外，还有“不孝”“不友”“尊老”“矜恤”“失节”等。此外还有以文句使用者，如“亲疏之常理”“廉洁之妇”“恤惕恻隐之心”“不事二夫之操”“以仁为本”“知有礼仪”等。整体来看，其内容大致可分为两个部分。一个是所谓普遍性的道德，如基于仁的政治、体恤老人与弱者之心，或如附表1中No.46“乡邻之争劝以和睦”所示的“道理”。还有一个则是亲子、兄弟、夫妇（特别是妻子）、宗族等有关家族、宗族关系的道德。亦即家族、宗族间的关系即为应有的基准。这表明的是“天理”应该体现于家族关系之中的立场，这也可说是宋代道学的特征之一。[16]

再看文章表现中的“天理”。在此，被评价为（2）“义”的行为有以下7例。这里提示了有关部分的日译。[17]另外，数字对应的是表2-1、表2-2中的编号，各自以I○、II○表示。

I 33 卷十“人伦门”“兄弟之讼”[18]

……堂有慈亲，年逾六十，义既乖于同气，孝宁慰于母心，好货财，私妻子之念一炎于中，遂至不孝于母，不恭于兄，不友于弟，举天下之大恶，一朝冒为之而弗顾，若人也，真禽兽之不若矣。……

I 34 卷十“人伦门”“弟以恶名叱兄”[19]

……但与丁居约、丁五十二为堂兄弟，略无友爱之义，而遽兴诬罔之词。……

I 35 卷十“人伦门”“妻已改适、谋占前夫财物”[20]

……阿常若稍有人心，只当终身不嫁，与乃姑相养以生，相守以死，如陈孝妇之义可也。……阿常背夫绝义，岂可更有染指之念。……

I 36 卷十“人伦门”“妻背夫悖舅断罪听离”[21]

……阿张乃无故而谓之痴愚，欲相弃背，已失夫妇之义。……

I 40 卷十“人伦门”“妇以恶名加其舅以图免罪”[22]

……使蒋八果有河上之要，阿张拒之则可，彰彰然以告之于人，则非为尊长讳之义矣。……

I 56 卷十二“惩恶门”“告奸而未有实迹、各从轻断”[23]

……其妹孟圆乃能收孤女于家破之后，此举可谓义哉。……

I 65 卷十二“惩恶门”“士人教唆词讼、把持县官”[24]

……今乃背圣贤之戒，缪用其心，出入公门，搂揽关节，又从而为之辞曰：此义也。嗟夫！天下之义事，岂常人之所能为哉！……而涛以干预他人讼为义乎？……

其他，如 I 67 也有以“不义”意味一般恶事的例子，虽是与 I 61 共通的例子，但暂将其排除在外。总之，以上例子说明的是诸如兄弟之恭友（同气之义）、夫妇之道（夫妇之义）、妻子对尊长的礼仪、遵守妇道（孝妇之义·不义之妇）、收养有血缘关系的孤儿，以及协助他人裁判（自称“义事”）等行为。此处也记述了如 I 35、I 40 之“孝妇”应尽的行为，或如 I 40 那样对尊长应尽礼仪的具体内容。由此显示“义”的 7 个例子之中，有 6 个例子是关于家族、宗族关系的道德。剩下 1 例虽说是被告擅自提出的主张，但从协助他人裁判来说，也是一种救济弱者的行为。胡石璧的“天理”原则的内容即便在此处也可说是贯彻一致的。

如以上所见，大致可以理解胡石璧“天理”原则之所在。最后还有一点，即看看他所憎恶的行为。（3）“疾恶”的对象有以下 5 例。

I 15 卷八“户婚门”“父在立异姓、父亡无遗还之条”[25]

……真欲紾兄之臂而夺之食也。弟在则诬诉弟，弟亡则诬诉侄，用心不臧，一至于此！当职平日疾恶此辈如寇仇，今日当官，何可不治。……

I 16 卷八“户婚门”“叔教其嫂不顾立嗣、意在吞并”[26]

……阿张，一愚妇耳，无所识，此必是李学礼志在吞并乃兄之家业，遂教其母以入词。忘同气之恩，弃继绝之谊，废其祭祀，馁其鬼神，是可忍也，孰不可忍也！此等禽兽异类，当职恶之如寇仇。……

I 43 卷十“人伦门”“叔母讼其侄打破庄屋等事”[27]

……今使之至于不远数百里赴诉于讼庭之下，必有大不获已者。为人子侄，而使其叔母至此，岂可不知所羞恶乎！……

I 46 卷十“人伦门”“乡邻之争、劝以和睦”[28]

……今兹假守于此，每日受词，多是因闲唇舌，遂至兴讼。……此等皆是不守本分，不知义理，专要争强争弱之人，当职之所深恶，正要惩一戒百。……

I 62 卷十二“惩恶门”“先治教唆之人”[29]

……当职起身中间，民之情伪，知之颇熟，故深恶此曹，如恶恶臭。……

如上，其中仅I 43指涉一般性的“不知羞恶”行为，其他都是胡石璧个人价值观之“恶”。其中，前三例是对兄弟、亲族的悖逆，以及对祖先不孝的非难，后两例则是对教唆诉讼者的非难。从而，这里可以看作对家族、宗族道德的重视，以及对其违背行为的非难。又如教唆诉讼这种欺瞒官、民的行为，也是批判的对象。这固然也含有一种普遍性的道德在内，特别是批判的对象，但这也反映出一种讼棍的活跃十分引人注目的世道。

同样作为前述“仁”的否定型的，也有因“不仁”受到非难的例子。

I 48 卷十一“人品门”“治牙侩父子欺瞒之罪”[30]

……故曰莫难于商贾，莫易于牙侩。为牙侩者，当念其勤劳，念其险阻，公平其心，与之交易可也。乃又从而欺瞒之，其不仁亦甚矣。……

这里将欺瞒商人的牙侩作为“不仁”的典型。如前述I 62一样，胡石璧批判欺骗他人的行为，并将其视为“天理”的对极。

在以上分析中，必须注意所谓“疾恶”的态度不仅与“天理”原则有关，而与“人情”原则也有关系。亦即基于胡石璧感情的批判，也是他的“人情”。或不如说这表明的是一种想尽可能贴近“天理”的“人情”。在此，“天理”与“人情”遂合为一体了。这或许还应以“人情”区分，但为了行文方便，在此仅以“天理”区分。

由此可以理解，胡石璧的“天理”大致由两部分构成。第一部分可称之为普遍性的道德，其中又分为两者。一是救济弱者等的道德，二是对教唆诉讼的非难，其中又以后者较具特色。这应是与当时裁判的情势有关的特征。第二部分则是关于家族、宗族的道德。因此，“天理”即与裁判官意志实体化的基准、与关于其裁判的意志，亦即与“人情”原则紧密地联系着。那么这种联系着“天理”的“人情”，其实态究竟又是如何呢？

三、胡石璧的“人情”

所谓“人情”一语的例子，前述的佐立已做了详细研讨。但是“人情”的意义是很暧昧的。以手边的《汉语大词典》来说，就有“人的感情”“人之常情”“人心、众人的情绪和愿望”等说法，无论何者都很合适。在此，姑且认为是左右裁判官之判断的个人感情以及周围人们的感情和愿望。如此一来，我们应注意的措辞和记述就很多了。以表 2-1 摘记的措辞来说，其典型事例即判语中屡次出现的“从轻”。[31] 这大部分是在量刑之前，以减轻刑度的方式，来发挥一种表现裁判官恩情的作用。另外，表示裁判官心情的措辞，诸如“从宽厚”“可怜”“从恕”等，这些当然也包含在“人情”原则内。抱持这种心情做判决的话，自然会影响其自身处罚的轻重。

但是读了判语就会发现，还有一些即便不使用这些措辞，却仍能反映人情的例子。对此我们也有必要特别注意。例如对被告立场的顾虑，或舆论、士友的陈情等。这些都反映着以裁判官为首的当时人们的感受方式与思考方式，从而构成“人情”原则的重要一部分。其次就举出这类例子，并试做分析。

I 8 卷三“赋役门”“顽户抵负税赋”[32]

> 赵桂等抵负国税，数年不纳，今追到官，本合便行勘断，惩一戒百。当职又念（a）尔等既为上户，平日在家，为奴仆之所敬畏，乡曲之所仰望，若一旦遭挞，市曹械系，则自今已后，奴仆皆得侮慢之，乡曲皆得欺虐之，终身抬头不起矣。当职于百姓身上，每事务从宽厚，不欲因此事遽生忿嫉之心，各人且免勘断。但（b）保正、户长前后为催尔等税钱不到，不知是受了几多荆杖，赔了几多钱财，若尔等今日只恁清脱而去，略不伤及毫毛，则非惟奸民得计，国赋益亏，而保正、户长亦不得吐气矣。案具各乡欠户姓名，锢身赵桂等以次人，承引下乡，逐户催追，……一则可以少纾户长之劳，一则可以薄为顽户之戒。

这是经裁判官的判断后减轻逃税者处罚的例子。“务从宽厚”可说是其基本立场，（a）部分则是其前提。在此叙述了“顽户”周围的人平日对其保有的尊敬与支持，并且顾虑到一旦处罚他们可能引起的反弹。他们平常“为奴仆之所敬畏，乡曲之所仰望”，因此若遭受官府处罚的话，则可能“奴仆皆得侮慢之，乡曲皆得欺虐之”。这是对上户，也即当地有权势者、豪民的顾虑，同时也应是为了顺利推行基层行政的顾虑。实际上，若他们与“乡曲”间的关系恶化的话，则乡村支配的实务就无法进行了。如此顾虑的结果就是“且免勘断”，但对于逃税行为则不能作为示范。这就是（b）部分的处置讲述的内容。此即针对“顽户”，以令其督促征税（恐怕包含监视）的任务来代替法律的处罚。这对官方、顽户、保正与户长而言，可谓“三方一两损”的判决[1]。这不正是裁判官基于“人情”原则做出的判断，并且汲取了基层社会之人情的“名判决”吗？

I 21 卷九“户婚门”“典主迁延入务”33

> ……且贫民下户，尺地寸土皆是汗血之所致，一旦典卖与人，其一家长幼痛心疾首，不言可知。……忍饿受寒，铢积寸累，以为取赎故业之计，其情亦甚可怜矣。……

这是对于豪民横暴的判决。从其“可怜”贫民、下户来看，显示了将弱者视为己方的裁判官之恩情。在此提示了关于救济弱者的“天理”与裁判官的“人情”这两方面的基准。

I 28 卷十“人伦门”“因争财而悖其母与兄、姑从恕、如不悛、即追断”34

> (a)人生天地之间，所以异于禽兽者，谓其知有礼义也。所谓礼义者，无他，只是孝于父母，友于兄弟而已。……李三为人之弟而悖其兄，为人之子而悖其母，揆之于法，其罪何可胜诛。但当职务以教化为先，刑罚为后，且原李三之心，亦特因财利之末，起纷争之端。(b) 小人见利而不见义，此亦其常态耳。恕其既往之愆，开其自新之路，他时心平气

[1]　典出日本落语，大意是江户时代一人捡到三两金子后归还失主，失主认为对方专程送还，理应得此三两金子，两人竟因此闹上官府，官员为奖励两人的正直，最后自掏一两金子使两人平分，达成“三方各损一两”的结局。——译者注

定，则天理未必不还，母子兄弟，未必不复如初也。特免断一次。……

这也是减轻处罚的例子。首先，(a)部分提示了以“知有礼义”的“天理”来进行“教化”的基本方针，在此基础上，(b)部分则表示了理解“小人”的“见利而不见义”之愚昧的基准。即使处以“极刑”也可以，但仍免除其处罚。期待借此使因过错而丧失的“天理”得以“必还”。也就是说，这与I 21一样都是“天理”与裁判官的恩情、人情相结合的例子。

以上所见的例子，是单纯只注意所谓“人情”的用语时，所无法理解的“人情”原则。此处也确实是与“天理”密切关联的例子。犯罪虽然是违背“天理”的行为，但为此接受何种处罚则是裁判官的判断。也就是说，在这个层级就成了“人情”。这是以所谓“天理”为核心、以“人情”覆盖包围的图像。如果这种看法可行的话，则目前举出的几个判语也可做出同样的解释。我们认为可以用这种方式来理解胡石璧的“天理”与“人情”的关系。

再来看看基层社会中的“人情”事例。

I 7 卷三“赋役门”“戒揽户不得过取”[35]

……当职微服诡辞，问所疾苦，言及税事，莫不蹙然以悲，多者一斗纳及千六以上，少者亦不在千二以下。参考众论，如出一口。……

I 12 卷三“文事门”“户贯不明、不应收试”[36]

……寻据所供，谓……于嘉泰年间，尝因就试，为士友所攻，遂经漕台，蒙判下本府收试，……

I 20 卷九“户婚门”“典买田业、合照当来交易，或见钱或钱会中半收赎”[37]

……就观李边前后状词，皆是齐东野人之语，无一毫诗书意味，安得附于儒生之列？况采之舆论，皆谓其健讼有素，积罪已盈，……

I 50 卷十一“人品门”“提举判”[38]

……到官之初，首加访问，不闻美誉，惟有贪声，参众论以皆同，……

I 61 卷十二“惩恶门”“士人教唆词讼、把持县官”[39]

……当职采之舆论，咸谓涛本非善良，专以教唆词讼为生业，……

以上 5 例中有 4 例，裁判官参考了“众论”“舆论”，至于 I 12 则是因“士友”的压力妨害了科举考试。这些内容表现了基层社会人们的意见，即当地“人情”应有的样貌，并反映在判语之中。这种“众论”所指为何，尽管尚有争论，[40]但若从 I 12 与当时职业官僚的交际范围等来看，则这些主要应该还是指在基层社会拥有影响力的士人们的意见。

如上所见，胡石璧是在斟酌了基层社会各阶层的人情、士人阶层的舆论，以及他自身的恩情等范围相当广泛的“人情”之后，才做出了判决。在此，与他所考虑的“天理”密不可分的就是“人情”构成的基准。我们不能不注意这点。不能仅只注意表现出“人情”的原则。那么，这种原则是他所独有的吗？接着将目光转移到蔡久轩的判语。

四、蔡久轩的“天理”与“人情”

蔡久轩，名抗，字仲节，福建建阳人，祖父、父亲都是朱子的学生。绍定二年（1229）进士，历任江东提点刑狱、知隆兴府等职务。[41] 他的“天理”与“人情”又是什么样子呢？

如表 2-2 所见，《清明集》里收录他的判语，就全体来看以短文居多，且在“天理”部分的记述并不多。另一方面，在处罚栏中以所谓“决脊杖……”的量刑特别明显，与胡石璧相比的话，具有简洁、率直地处以实刑的特点。[42] 综合这些来看，《清明集》编纂者或是高度评价他处理实务的能力，故特别选出这方面的判语？抑或这本来就是他十分擅长的领域？究竟何者比较有可能呢？同时，其中收录了许多裁处豪民、胥吏犯罪的判语，就此也显示出他的刚直个性。不妨试着将这些特征与胡石璧比较看看。

首先是“天理”的部分。从人名、书名来看，与胡石璧不同的人名只有范文正公一人而已，书名则完全没有记载。至于意味“天理”的用语又是如何呢？在表 2-2 中有“公理”“天理人伦”“不孝”“父子之大伦”“父慈子孝”“为子为母之道”“孝顺”等。

这些全都是反映亲子、兄弟与宗族之间道德的用语。有关“义”也是一样，可以举“同气连枝之义”“鹡鸰之义”“宗族骨肉之义”。此外，蔡久轩记述的“天理”如II 1的“岂有见其焚溺而不之救者”、II 3的“死节之家固可念”，都是当时普遍性的道德。另外，在他非难的行为方面，如所谓风俗之“大恶”“大不美”指的是兄弟、宗族间的不道德，或如“大不恭”指的是违反一般道德的行为。因此，他的“天理”无须多言，应该与胡石壁属于大致相同的范畴。

其次看“人情”的部分。不难理解，这是反映基层社会人情的判语。

II 16 卷八“户婚门”“假伪遗嘱以伐丧”[43]

> ……国家大臣薨，肉未寒，而不肖之族已群起而并吞之，此风俗之大恶，人情所同恶，……院司引断施行间，续据国子进士范涣等连名札状陈告，及范承议札状，乞从末减，……姑从轻，……

II 38 卷十一“人品门”“引试”[44]

> ……十月二十三日，据学士乡贡进士钟俊等列名札状，乞将胡大发免管事。奉台判，以诸士友之请，特免押遣，帖送州学，听读半年。……

II 42 卷十一“人品门”“违法害民”[45]

……当职再得之众论及知县之言，……当职念本县月解窘急，重违其请。……

II 60 卷十三“惩恶门”“哗鬼讼师”[46]

……钟炎……并合黥配，以为将来之戒。以士友曾为之请，当职曾许之末减，……

以上 4 例反映了存在着一族和当地士人们的请托，以及顾虑其舆论所做出的判决。在 II 38 中，则是既有上司的指示，也有他们的请托。对于这种“众论”，他与胡石璧的态度可说是一致的。但在蔡久轩的场合，他更明确地指出了对于士人们的顾虑。

II 37 卷十“人伦门”“恃富凌族长”[47]

……本合科断，以其稍能读书，不欲玷其士节。……

II 39 卷十一“人品门”“士人充揽户”[48]

……此风最为薄恶，所当究竟重断，以其粗知读书，姑与押下县学，习读三月，候改过日，……

II 53 卷十二“惩恶门”“豪横”[49]

……当职重念震霆远祖方宣教，在绍兴年间，预名贤之数，……前贤之后，合从三宥，……

II 54 卷十二“惩恶门”“为恶贯盈”[50]

……所当徒断黥配，为奸民之戒。以系修武郎之孙，姑从末减，……

II 59 卷十二“惩恶门”“教唆与吏为市”[51]

……合该决脊刺配，以为哗徒之戒。以其所供，父系武弁，姑从引荫末减，……

以上 5 例显示，当被告推定为士人以及名士、官僚子孙时，处罚即得到减轻。这率直地表现出所谓对士人的特别待遇。这种对士人的对应方式，高桥芳郎已经做了详细的研究。[52]

另一方面，对于他们卷入的其他各种事情也做了仔细斟酌。特别是明确叙述了对于官方事情的顾虑。

II 41 卷十一“人品门”“罪恶贯盈”[53]

……内供银帛一节，本合根究，以事系赃贿，迹涉郡僚，姑存大体，不欲尽情。……

II 49 卷十一“人品门”“铅山赃吏”[54]

……其余污吏尚多，当职念县道乏使，未欲尽行追究，仰自改过，……

这些是对于州级官员与胥吏的顾虑。即使是犯罪者，也不能轻易地处罚地方官，至于胥吏若是因处罚而离职的话，就会导致“乏使”的事态。结果就是面临行政运作停摆的现实，蔡久轩只得做出与这种状况妥协的判断。

更有甚者，这种顾虑还及于犯罪情节重大者。

II 54 卷十二“惩恶门”“为恶贯盈”[55]

……本司仅将其同恶之子，决竹篦编管，姑欲开其自新之路。既不少惩，……

II 64 卷十四“惩恶门”“元恶”[56]

……所合照本州所申及法官所拟，从绞刑定断。当职尚矜其愚，欲全其一线生路，姑与减死一等，……

这两篇判语中登场的被告是屡屡犯下各种恶事的巨恶。II 54 的骆省乙等人，尽管在最初的裁判中给予此处所举的温情，但仍持续从事犯罪行为。前引句中提到，本来他应加重处“徒断黥配”之刑，但因他是前述提及的“修武郎之孙”，所以得到减刑。又，II 64 的卜元一也是一样，本来累积诸多重罪的结果，他应该被处以绞刑，但却以其“愚昧”这种不成理由的理由将其减刑。这固然是显示裁判官恩情的例子，但是否有某些不为人知的背景，令人生疑。例如，判语中提及“聚五十余人”且武装袭击吴家一事，[57] 从这些征兆来看，可以窥知他们对基层社会拥有很大的影响力，可能正是顾虑到这种情形，所以才做出这样的判决。

以上显示了各式各样的顾虑，亦即蔡久轩的“人情”。这里反映的“人情”相较于胡石壁的“人情”而言，更直截了当地表现出当时裁判官的思考方式。在试图使他们自身相信的“天理”具体化的同时碰上了现实的障壁，于是一边妥协，一边做出判决。故这也是基于“人情”原则的判决。

最后论及使用“情理”用语的判语。在使用此语的判语方面，胡石壁有一篇，蔡久轩有两篇。

II 35 卷十“人伦门”“妻已改适、谋占前夫财物”[58]

……但其男张良贵，系是张巡检之子，与徐巡检之家何干预，而辄横兴词诉，意在骗胁，情理可憎，合示薄罚，……

II 50 卷十一“人品门”“责县严追”[59]

……今据程伟等所供，王辛取受凡七百余券，酒肉在外，情理尤为深重，照已判，决脊杖十二，……

II 66 卷十四“惩恶门”“捕放生池鱼、倒祝圣亭”[60]

……又自聚集持杖，会合从臾，乘势打坏祝圣亭碑，情理巨蠹，决脊杖十五，……僧弁英叶谋停着，杀猪犒众，情理尤重，勘杖一百，……

如此，两人所谓的“情理”在用于强调恶事的场合时，对于天、人皆无法饶恕的恶事，使用上有细微的区别。这些“情理”

与滋贺言及的清代“情理”稍稍有异，且不太看得出所谓中国人的“良识”这种意思。只是例子不多，在此暂且避免骤下定论。

结语

以下试着简单地总结前述研讨的内容。

首先是《清明集》的特点，与其说这是“指南手册”或“有名官人”的“判决集”，不如说是按照编纂者的基准，收录其赋予了高度评价的判语集成。其编纂方式采取类书的形式，将判语的重要部分按照主题类别进行编集。另外，判语作者虽然偏重于一部分地方官，但也收录了其他无名地方官的判语和作者不明的判决原文。这也是编纂者选择的结果。

其次，胡石璧与蔡久轩的不同之处十分明确地体现在对于“天理”的坚持的区别上。胡石璧引用许多古典，而且不仅是举出圣人之例，其判语中有关“天理”的讨论也占了相当多分量。与此相对，蔡久轩的判语中并未提到太多“天理”的部分，反而是有很多直率地论及“人情”等直接涉及处理实务的记述。这应是由两人擅长的领域或思考方式的差异所致。但是，本文的议论是建立在编纂者的意图不具作用的前提下，以《清明集》所收录的判语作为观察题材所得的结果。若能掌握他们判语的整体面貌的话，也许还会得出不同的结论。

进一步考虑，不以“人情”表现的“人情”记述相当多。可见只抽出“人情”这个特定用语就展开讨论是不妥当的。以内容来说，胡石璧与蔡久轩两人有同有异。共通的部分，即他们皆顾虑到以“天理”为准的恩情、裁判官的人情，或基层社会的舆论。

也就是说，其背景在于若不顾虑基层社会中持有各种影响力的中间阶层，则行政就无法顺利推行。另一方面，相异部分即胡石壁顾虑的是各阶层的“人情”，而蔡久轩则是礼遇名士、官僚的子孙，甚至连巨恶也给予一定程度的照顾，采取了更为现实的对应方式。他的行政实务应该比胡石壁进行得更顺利。

接着应注意的是，“天理”是以“人情”为核心来发挥作用的。本文举出的两人，在“天理”这方面更加忠实地反映出他们在一定程度上的差别。他们以尽量贴近这个基准的“人情”为原则来做出判决。这有可能是编纂者的评价与精心挑选之故。但是别的地方官能否也同样适用这个原则？无法判断。至于在《清明集》没有收录的判语中，这些原则又会是什么样子呢？这令人深感兴趣。

观察以上“天理”“人情”原则的样貌，可知当时判语的基准包括了以“天理”为核心的“人情”和“国法”这两者。但这是由一般被评价为“名公”的强硬地方官们所做出的判决。至于其他大部分地方官们的裁判，目前并无足以论及的根据。

另外，借由对“人情”内容的广泛理解，我们得以窥见当时的社会现实，以及国家对应这种现实的策略。在此可谓展现了作为社会史史料的《清明集》的可能性。这是有待今后研究之处。

附　表

表 1　胡石璧的人情

No.	卷	题名	天理	国法	人情	处罚
1	一	郡僚举措不当轻脱	仁人、君子＝伊尹、孔明、于公			勘杖八十
2		具析县官不留意狱事				
3		约束州县属官不许违法……		在法、军令、令		
4	二	县令老缪别委官暂权	尊老之意			
5		赃污狼藉责令寻医				取寻医状
6		送司法旅衬还里	申屠子龙			
7	三	戒揽户不得过取	惠服田力穑之农		众论	决脊杖十五……
8		顽户抵负税赋			务从宽厚	
9		义米不容蠲除合令照例……	伯夷、叔齐；龚遂、黄霸	揆之于法、照例		
10		纲运折阅皆梢火等人作……				决脊杖十五……

续表

No.	卷	题名	天理	国法	人情	处罚
11	三	学舍之士不应耕佃正将……	孔子、孟子；无廉耻			
12		户贯不明不应收试		违条例	为士友所攻	
13	四	妄诉田业		户婚之法	从轻	竹篦十下……
14		随母嫁之子图谋亲子之业	背德忘义、亲疏之常理、人伦	揆之法意、照条作诸子均分	揆之人情，从轻	
15	八	父在立异姓父亡无遗还……	疾恶此辈如寇仇	准法、在法、亲子孙法		杖一百……
16		叔教其嫂不愿立嗣意在……	忘同气之恩、《春秋谷梁传》、恶之如寇仇	后世立法	曲徇人情	锢身押下签厅
17		侵用已检校财产论如擅……	以理开晓	以法处断、案据条例、准敕、律、户绝法	从宪恕	脊杖十五……
18		叔父谋吞并幼侄财产	灭绝天理；不孝、不友；当断之以义	在法、准敕、律		决脊杖十五……

续表

No.	卷	题名	天理	国法	人情	处罚
19	九	亲邻之法		亲邻之法、庆元重修田令、刑部颁降条册		
20		典买田业合照当来交易……	悖理伤道之事	不知法意、人情；朝廷之法	不近人情，采之舆论	勘杖一百
21		典主迁延入务	矜恤之心	在法	其情亦甚可怜矣	
22		禁步内如非己业只不得……		于法意皆以是而非、在法、都省指挥、敕令所看详、指挥、……		
23		赁人屋而自起造			从公劝和	
24		领库本钱人既贫斟酌监还			酌情处断	勘下杖一百……
25		质库利息与私债不同		敕、不依条法		
26		欠负人实无从出合免监理		在法		
27		嫂嫁小叔入状	失节固已甚矣			杖一百

续表

No.	卷	题名	天理	国法	人情	处罚
28	十	因争财产而悖其母与兄姑……	知有礼仪，孝、友、天理	揆之于法	特免断一次	
29		母讼其子而终有爱子之……	孝慈、爱友、睦姻任恤；仇香；天理			
30		母讼子不供养			未欲寘之于法	且责戒励
31		兄弟能相推逊特示褒赏	王祥、王览之心；孝友；司马牛之叹			
32		兄弟侵夺之争教之以和睦	宗族和睦、天理人伦、爱、苏琼			
33		兄弟之讼	不孝、不友、不恭、义既乖于同气、天下之大恶	有司之公法、在法、户部看详	从轻，难尽从恕	勘一百
34		弟以恶名吡兄	略无友爱之义			杖一百……
35		妻已改适谋占前夫财物	不义之妇、背夫绝义、陈孝妇之义、情理可憎、卢担	准律、坐居丧嫁之律、照条施行		竹篦二十

续表

No.	卷	题名	天理	国法	人情	处罚
36	十	妻背夫悖舅断罪听离	《礼记》、夫妇之义			杖六十
37		女嫁已久而欲离亲	烈女不事二夫之操			
38		夫欲弃其妻诬以暧昧之事	《礼记》、夫妇人伦之首	在法	情义有亏	勘杖八十……
39		母讼其子量加责罚如再……	天下至情之所在、正不孝之罪			决十五
40		妇以恶名加其舅以图免罪	不孝、为尊长讳之义、《礼记》			决十五……
41		子妄以奸妻事诬父	不慈、不孝、天下之大恶、天理人伦		愚蠢无知，从轻	杖一百……
42		既有暧昧之讼合勒听离	贻乡党之羞、《礼记》			合勒听离
43		叔母讼其侄打破庄屋等事				
44		叔侄争业令禀听学职教诲				
45		讼曾叔祖占屋延烧	不仁、怵惕恻隐之心、不义			决十下、责戒励

续表

No.	卷	题名	天理	国法	人情	处罚
46	十	乡邻之争劝以和睦	和睦＝道理、争强争弱之人＝深恶		有人情在乡里	杖六十、……
47		勉寓公举行乡饮酒礼……	厚人伦、美习俗、长幼之序、天理……			
48	十一	治牙侩父子欺瞒之罪	不仁亦甚			杖一百……
49		应经徒配及罢役人合尽……	《左传》			
50		提举判			众论	断配南康军……
51		兵士差出因奔母丧不……	古之孝子、吴起、曾子、孟宗、陆逊		方寸之乱，不言可知	
52		官兵骄傲当行责罚以警……				决交脊一百……
53		弓手土军非军紧切事……	理之是非		从轻	杖一百
54		约束厢巡不许辄擅生事……	含哺鼓腹之余风			

续表

No.	卷	题名	天理	国法	人情	处罚
55	十一	葺治厢牢	《周官》	照条召嫁		
56	十二	告奸而未有实迹各从轻断	此举可谓义哉	照条召嫁	从轻	决二十……
57		道士奸从夫捕		在法		
58		不纳租赋擅作威福停藏				决脊杖十二……
59		先治依凭声势人以为把……				杖一百……
60		责决配状	疾恶此曹（教唆公事之人）			责决配状
61		士人教唆词讼把持县官	孔子、曾子、董仲舒、韩愈、天下之义事、孟子	犯法、揆之于法	舆论	决竹篦十下
62		先治教唆之人	深恶此曹（教唆之人）			勘杖一百……
63	十三	叔告其侄服内生子及……	爱兄之道、世间大恶	服内生子、照条坐罪	从轻	竹篦二十
64		妄诉者断罪枷项令众候……	依并道理		近人情	勘杖八十、……

续表

No.	卷	题名	天理	国法	人情	处罚
65	十三	以劫夺财物诬执平人不……		在法		勘杖一百、……
66		邻妇因争妄诉	非廉洁之妇			决竹篦十五……
67		峒民负险拒追	不义、大不敬、《春秋》	汉律	从轻	决脊杖十五……
68		以叔身死不明诬赖	叔侄之义		愚民无知，固不足责	勘杖一百……
69	十四	合谋欺凌孤寡	先王之治（《诗经》《孟子》《左传》）、以仁为本	王法、照条施行		
70		假伪生药				勘杖六十……
71		自首博人支给一半赏钱		公然犯令		杖一百……
72		宰牛当尽法施行		开坐条法		
73		不为刘舍人庙保奏加封	孔子、孟子……			

续表

No.	卷	题名	天理	国法	人情	处罚
74	十四	非敕额者并仰焚毁	夏禹、狄梁公			焚毁
75		计嘱勿毁淫祠以为奸利				勘杖一百……
76		巫觋觋以左道疑众者当治……	《礼记》王制、古先圣王		从轻	杖一百……

表 2 蔡久轩的人情

No.	卷	题名	天理	国法	人情	处罚
1	一	监司案牍不当言取索	岂有见其焚溺而不之救者	朝廷之法		
2		立曹公先生祠 *				
3	二	贪酷	死节之家固可念			
4		虚卖钞		昧于法守	姑免申奏	决脊杖十五、……
5		对移贪吏				对移、取遵禀状、……
6		取悦知县为干预公事之地 *	最嫌举留之人			姑责戒励状
7	三	重复抑勒			忍鱼肉一邑之生灵乎	
8		巡检催税无此法 *		有此法乎		
9		借名避役 *			无足悯者	
10		白鹿书院田又判	文公		众议	
11		朱文公祠堂 *	朱文公、赃罚非义之财、以教化为急			

续表

No.	卷	题名	天理	国法	人情	处罚
12	三	洪端明平斋祠 *	盛德必祀之敬、迪多士兴善之心			
13	八	当出家长		立继之法		
14		子随母嫁而归宗	范文正公 = 前贤、宜以义遣之、天下安有是理哉	不知法意如何、摽拨法		责遵从状
15		同业则当同财	同祖之亲、既已同业、必当同财			
16		假伪遗嘱以伐丧	不肖之族群起 = 风俗之大恶、人情所同恶		连名札状、从轻	勘杖一百……
17		背母无状	弃义言利、不知母子之天、违背公理、天理人伦、不孝			勘杖八十、封案
18	九	已出嫁母卖其子物业	不孝	在法、违法交易	且免断一次	责戒励状
19		出继子卖本生位业	悖理	违法		杖八十……

续表

No.	卷	题名	天理	国法	人情	处罚
20	九	卑幼为所生父卖业	岂有二父二本之理也哉、抚育之恩、继承之义、父子之大伦	于法有碍		
21		一视同仁 *		国家法禁、案法而行		
22		诉掘墓 *		合该反坐		
23		舍木与僧 *	不孝之子孙也	不识法之僧也、法意		勘杖一百……
24		争墓木致死			人情之常、原情实有可悯	决脊杖二十……
25		将已嫁之女背后再嫁	悖理	揆之以法	大不可	勘杖一百……
26		士人娶妓 *	名教罪人、士友之辱			
27		薨逝之后不许悔亲			揆之公议	
28		时官贩生口碍法		法禁之所不许、碍法、条令		勘杖一百……

续表

No.	卷	题名	天理	国法	人情	处罚
29	九	卖过身子钱		知倚法欺骗之无所利也		
30	十	子未尽孝当教化之 *	不孝、父慈子孝			枷项……
31		父子非亲 *	如秦人视越人之肥瘠			
32		互诉立继家财	尽为子为母之道			责戒励状
33		读孝经 *	孝顺			读《孝经》一月
34		兄弟之争	同气连枝之义、天伦	国家条令		取无争状、责立争状
35		俾之无事	风俗大不美 = 兄弟叔侄交争、天理、念同气之亲、思鹡鸰之义			
36		不孝 *	以柔道化之、警善心之生			讯五十
37		恃富凌族长	名刑弼教、宗族骨肉之义		不欲玷其士节	捶楚二十
38	十一	引试			刑名札状、士友之请	

续表

No.	卷	题名	天理	国法	人情	处罚
39	十一	士人充揽户			粗知读书	押下县学……
40		僧为宗室诬赖				
41		罪恶贯盈		照条理断	迹涉郡僚、姑存大体	决脊杖五十……
42		违法害民			众论及知县之言、姑从轻	决脊杖二十……
43		十虎害民				决脊杖十五……
44		逐出过犯人吏检举升陟＊	令尹之仁政			
45		冒役				
46		籍配	逆理乱伦	案法施行	姑与从轻贷死、负冤可悯	决脊杖二十……
47		奸赃				决脊杖十五……
48		慢令				决脊杖二十……

续表

No.	卷	题名	天理	国法	人情	处罚
49	十一	铅山赃吏			念县道乏使、未欲尽行追究	决脊杖十二……
50		责县严追		舞文弄法	情理尤为深重	决脊杖十五……
51		受赃		本司纪纲、国家典宪	姑从轻	决脊杖二十……
52	十二	逼奸				决脊杖二十……
53		豪横	不义致富	违法吞并、不法、敕、律	前贤之后、合从三宥、从轻	决脊杖二十……
54		为恶贯盈		蔑视三尺、律、敕	以系修武郎之孙、姑从末减	勘杖一百……
55		豪强		不应为	且从轻	勘杖一百
56		豪横				决脊杖十二……
57		押人下郡				

续表

No.	卷	题名	天理	国法	人情	处罚
58	十二	讼师官鬼		正犯军债之条	从轻	勘八十
59		教唆与吏为市			父系武弁、姑从引荫末减	勘杖一百……
60	十三	哗鬼讼师			以士友曾为之请、……许之末减	决脊杖十五……
61		撰造公事		不法、不知有三尺、违法	从轻	决脊杖十五……
62		诬讦 *		照条反坐	且从轻	决脊杖十二……
63		以死事诬赖 *			从重	杖一百……
64	十四	元恶			尚矜其愚……姑与减死一等	决脊杖二十……
65		杀人放火				

续表

No.	卷	题名	天理	国法	人情	处罚
66	十四	捕放生池鱼倒祝圣亭	大不恭		情理巨蠹、情理尤重	决脊杖十五……
67		一状两名＊				
68		断（因赌博自缢）		在法	姑减等	决脊杖十二……
69		莲堂传习妖教		敕、法令、照条		决脊杖五十……
70		竞渡死者十三人		法有明禁	照减降赦恩、姑与免断	决脊杖二十……
71		霸渡	尤为非理	敕、律、法令		决脊杖十五……

附注：题名下标注“*”者，在中华书局本中为三行以下之短文。

注释

1　参考前章引用的各项研究。另外，中国台湾地区的刘馨珺发表了运用《清明集》的大作《明镜高悬——南宋县衙的狱讼》，五南图书出版公司，2005。

2　仁井田升：《名公书判清明集解题》，载于古典研究会编，《名公书判清明集》，1964。

3　陈智超：《宋史研究的珍贵史料》，第645页。原文为“宋代一部诉讼判词和官府公文的分类汇编”。

4　高桥芳郎：《名公书判清明集》，载于滋贺秀三编，《中国法制史》，东京大学出版会，1993，第364页。

5　最近三十年，我们《清明集》研究会持续进行着译注的工作。迄今的成果有《〈名公书判清明集〉“惩恶门”译注稿》《〈名公书判清明集〉“人品门”译注稿》《〈名公书判清明集〉“人伦门”译注稿》《〈名公书判清明集〉“官吏门”译注稿》，以上皆由汲古书院出版。以下引用译文即根据上述成果。（中译本一律改回中文。——译者注）

6　日文原著不慎将总篇数误植为347篇，另赋役门、文事门总篇数亦有误；经出版社编辑细心提醒，并请原作者确认后，已修正相关数字、比例。

7　高桥芳郎在对赋役门进行译注时，已将这种传本的经过作为前提，对原文进行了校订。参考其《译注〈名公书判清明集〉官吏门·赋税门·文事门》（北海道大学出版会，2008）。“赋税门”初出于《〈名公书判清明集〉卷三赋役门译注稿》（《北海道大学文学研究科纪要》116，2005）。

8　户田裕司做了简洁的整理，并以图示表现。大泽正昭：《主張する〈愚民〉たち》（角川書店，1996）之一“地方官的忧郁”（“地方官の憂鬱”），第35—39页。

9　仁井田升：《名公书判清明集解题》，第5页。

10　滋贺秀三：《清代中国的法与审判》（《清代中国の法と裁判》），创文社，1984，第四章“民事法源の概括的検討——情·法·理”。滋贺还有其他论及判断基准的研究，但在此没有全面列举的余裕。例如佐立治人：《旧中国的地方审判与法律》(〈旧中国の地方裁判と法律〉)，载于《东洋史研究》（56-2），1997，并参照注 5 所引用的论文等。

11　佐立治人：《〈清明集〉的“法意”與“人情”》（《〈清明集〉の“法意”と“人情”》），载于梅原郁编，《中国近世的法制与社会》（《中国近世の法制と社会》），京都大学人文科学研究所，1993。同作者尚有《有关作为审判基准之“人情”的成立》（〈裁判基準としての“人情”の成立について〉），载于《法制史研究》45，1995，他虽探索了“人情”基准的起源，但也无法确定明确的时期。

12　见对梅原郁编《中国近世の法制と社会》一书之书评，《东洋史研究》（52-4），1994。

13　刘馨珺：《明镜高悬——南宋县衙的狱讼》，第 279 页注释 163。

14　《宋史》卷四一六“胡颖传”。

15　滋贺秀三：《清代中国の法と裁判》，第 285 页。

16　例如小岛毅指出天理在宋代是“道学的卖点”（第 210 页），“朝着那些以修身、齐家、治国、平天下为基础的士人们面前抛出。这里登场的是男系血缘组织的‘宗族’”（第 214 页）。他指出“修身、齐家”的重要性。小岛毅：《中国思想与宗教的奔流》（《中国思想と宗教の奔流》），中国の歴史 07，講談社，2005。

17　以下引用参考的是我的日译。原文置于注释（中译本一律改回原文。——译者注）。但日译之中也会标明参考目前为止的研究成果。如梅原郁：《名公书判清明集》，同朋舍，1988；高桥芳郎除前揭注释 6 以外，尚有《译注〈名公书判清明集〉户婚门》，创文社，2006，初版于《〈名公书判清明集〉卷六户婚门译注稿》1-2，《北海道大学文学部纪要》48-2、48-3，1999—2000；同作者，《〈名公书判清明集〉卷七户婚门译注稿》，《北海道大学文学研究科纪要》103，2001。另参考《清明集》研究会前揭注释5。

18　《名公书判清明集》卷十“人伦门”“兄弟之讼”。

19　《名公书判清明集》卷十“人伦门”“弟以恶名叱兄”。

20　《名公书判清明集》卷十“人伦门”“妻已改适、谋占前夫财物”。

21　《名公书判清明集》卷十“人伦门”“妻背夫悖舅断罪听离”。

22　《名公书判清明集》卷十“人伦门”“妇以恶名加其舅以图免罪”。

23　《名公书判清明集》卷十二“惩恶门”“告奸而未有实迹、各从轻断”。

24　《名公书判清明集》卷十二“惩恶门”“士人教唆词讼、把持县官”。

25　《名公书判清明集》卷八“户婚门”“父在立异姓、父亡无遣还之条”。

26　《名公书判清明集》卷八“户婚门”“叔教其嫂不顾立嗣、意在吞并”。

27　《名公书判清明集》卷十“人伦门”“叔母讼其侄打破庄屋等事”。

28　《名公书判清明集》卷十“人伦门”“乡邻之争、劝以和睦”。

29　《名公书判清明集》卷十二“惩恶门”“先治教唆之人”。

30　《名公书判清明集》卷十一“人品门”“治牙侩父子欺瞒之罪”。

31　参考佐立治人：〈《清明集》の“法意”と“人情”〉、〈裁判基準としての“人情”の成立について〉。

32　《名公书判清明集》卷三“赋役门”“顽户抵负税赋”。

33　《名公书判清明集》卷九“户婚门”“典主迁延入务”。

34　《名公书判清明集》卷十“人伦门”“因争财而悖其母与兄、姑从恕，如不悛，即追断”。

35　《名公书判清明集》卷三“赋役门”“戒揽户不得过取”。

36　《名公书判清明集》卷三“文事门”“户贯不明、不应收试”。

37　《名公书判清明集》卷九“户婚门”“典买田业、合照当来交易、或见钱或钱会中半收赎”。

38　《名公书判清明集》卷十一“人品门”“提举判”。第431页。

39　《名公书判清明集》卷十二“惩恶门”“士人教唆词讼、把持县官”。第477页。

40　柳田节子：《宋代的庶民女子们》（《宋代庶民の女たち》），汲古书院，2004；今泉牧子：《宋代县令的一个侧面：以南宋判语为线索》（〈宋代県令の一側面：南宋の判語を手がかりに〉），《东洋学报》（87-1），2005。

41　《宋史》卷四二零“蔡抗传”，同书卷四三四“蔡元定、蔡沉传”。

42　我认为所谓“决杖”的表现方式，反映的是依据折杖法的实刑，至于“勘杖”则是根据律令规定的杖刑的表现方式。参考大泽正昭：《惩恶门译注稿》其一之第一条注释4。又，川村康认为前者是执行的刑，后者则是“一种中间判决性之产物”等，并发表了详细的研究［《早稻田法学》（65-4），1990］。不管何者，都将前者作为直接性的处置方式。

43　《名公书判清明集》卷八“户婚门”“假伪遗嘱以伐丧”。第289页。

44　《名公书判清明集》，卷十一“人品门”“引试”。第402页。

45　《名公书判清明集》，卷十一“人品门”“违法害民”。第412页。

46　《名公书判清明集》，卷十三“惩恶门”“哗鬼讼师”。第481页。

47　《名公书判清明集》，卷十“人伦门”“恃富凌族长”。第392页。

48　《名公书判清明集》，卷十一“人品门”“士人充揽户”。第404页。

49　《名公书判清明集》，卷十二“惩恶门”“豪横”。第452页。

50　《名公书判清明集》，卷十二“惩恶门”“为恶贯盈”。第456页。

51　《名公书判清明集》，卷十二“惩恶门”“教唆与吏为市”。

第 476 页。

52　高桥芳郎：《宋代士人的身份》(〈宋代士人の身份〉)，载于《宋一清身份法の研究》，北海道大学图书刊行会，2001。初出于 1986 年。

53　《名公书判清明集》，卷十一“人品门”“罪恶贯盈”。第 410 页。

54　《名公书判清明集》，卷十一“人品门”“铅山赃吏”。第 418 页。

55　《名公书判清明集》，卷十二“惩恶门”“为恶贯盈”。第 456 页。

56　《名公书判清明集》，卷十四“惩恶门”“元恶”。第 521 页。

57　《名公书判清明集》，卷十四“惩恶门”“元恶”：“……怒守山吴姜孙不合走报，则聚卜乌儿等五十余人持叉杖，戴兜鍪，披纸甲，列旗帜，终夕秉炬，啸指呼欲往吴家放火仇杀，……”

58　《名公书判清明集》，卷十“人伦门”“妻已改适、谋占前夫财物”。

59　《名公书判清明集》，卷十一“人品门”“责县严追”。

60　《名公书判清明集》，卷十四“惩恶门”“捕放生池鱼、倒祝圣亭”。

第三章

刘后村的判语

——《清明集》与《后村先生大全集》

前言

刘克庄，号后村，生于南宋淳熙十四年（1187），卒于咸淳五年（1269）。他是活跃于南宋后半期的官僚。他的诗有“江湖派最大诗人”的评价，[1]在法制史领域中，他的判语广为人知。在明版《名公书判清明集》（以下简称《清明集》）与《后村先生大全集》（四部丛刊本·全宋文本，以下简称《大全集》）中残存的判语，可说是贯彻自身原则的强硬判语。观察他的经历，他曾经历过数次中央官僚、地方官以及在乡的时期，即所谓不断重复着失势和复出。[2]这应是因为他具有强烈的自我意识、坚持贯彻原则，而与同僚发生对立所导致的结果。《清明集》的编者似乎注意到他这种贯彻原则的判语，于是收录了22篇判语。因此这些就构成了研究《清明集》与当时判语的绝佳题材。另外，众所周知其中有引用所谓“女子分法”的部分，这在迄今围绕女子财产权的讨论中备受关注。[3] 再者，在最近出版的高桥芳郎的遗作中，收录了黄勉斋的判语，以及刘后村判语的译注与解说。[4] 虽说我们推测他的工作尚有未完成的部分，但对今后的研究已经作出巨大的贡献。

尽管一般认为刘后村的判语是研究法制史与社会史的重要史料，但关于其整体面貌仍尚未厘清。在此，本文作为第二章分析南宋判语判断基准工作的环节之一，[5] 且作为思考“女子分法”的参考，试图抽出其判语并考虑其特点。首先要做的是确认判语整体面貌的基础工作，其次则要研讨在他的判语之中表现出来的判断基准的特征。

一、判语作成的时期

刘后村的判语在《大全集》卷一九二、一九三中有 36 篇，在明版《清明集》中则残存有 36 篇，扣除其中重复之处后，总计全体有 48 篇。后揭表 3-1“刘后村判语的全体像”是整理这些判语的结果。但是如备考栏中所述，《大全集》收录的判语有些篇幅很短，亦有欠缺文章大部分或一部分者，故也有如表中 No.2 那样属于结合 2 篇判语的结果。而且《清明集》收录的部分中，也有即便是标点本，但却仅存一行的判语。这是在编纂或版本流传过程中发生了什么问题？现在已无从得知。

接着是撰写这些判语的时期。收录于《大全集》的部分中，于卷头注记了“江东臬司”（臬司是提点刑狱的别称），如后面所确认的，他在淳祐四年至六年（1244—1246）这段时间曾任江南东路提点刑狱一职。因而可以判断《大全集》收录的判语即属于这个时期。支持此说的还有以下材料。亦即，首先各判语的题名几乎都提到了江南东路内的州、县名称，说明这是与其管辖地域有关之案件的裁决。再者，于 No.5 中提及淳祐五年（1245）信州的“预借”一事，记录了在那个时间点尚未到淳祐六年。同样于 No.9、22 登场的“信州虞主”“虞主”，可以判断这指的是《大全集》卷七十九“广盐江臬一司申奏状”之“按信州守臣奏状”中提到的知信州虞曾，[6] 这些足以确认这是江东提刑时代的一系列判语。

那么《清明集》收录的又是何时的判语呢？当然，排除掉《清明集》与《大全集》两者皆有引用的 10 篇判语之后，剩下的 12 篇才是问题。尽管一般认为这些属于他知建阳时代的判语，[7] 但我仍想再次确认。为此，有必要弄清他撰写判语时的职务是什么，亦即先确认他的经历。

如前所述，刘后村以诗人身份闻名，在中国文学领域积累了很多研究，年谱亦有若干。目前管见所及的年谱有以下三种：李国庭《刘克庄年谱简编》（以下简称李谱）[8]、程章灿《刘克庄年谱》（以下简称程谱）[9]、向以鲜《1187—1269 年间后村先生大事记》（以下简称向谱）[10]。其中以程谱最为详细，但若欲掌握略历则以李谱最易读。在此基础上，我将刘后村的地方官经历整理为后揭表 3-2“地方官的履历”。在此经历中，他有可能撰写判语的年代和当时所处地位如下：

（1）自宝庆元年（1225）起至绍定元年（1228）止，知建阳县时期（但向谱为嘉定十七年，即自 1224 年起）

（2）自嘉熙三年（1239）起至淳祐元年（1241）止，

广南东路提举常平等时期

（3）自淳祐四年（1244）起至淳祐六年（1246）止，江东提刑时期

（4）淳祐七、八年（1247-1248），知漳州、福建提刑时期

其中，确实有（3）江东提刑时期撰写的判语，已如前述。那么此外的时期又是如何呢？如前述亦有（1）知建阳县时期之作的根据。例如可从No.37的“建阳乃名教礼仪之邦”“良由县令人微望轻”等句子加以推测。同样如No.39的“前任知县不得不任其责矣”，以及No.40的“合与不合成婚，由法不由知县”“知县非和对公事之人”，从这些内容可以推测作者当时的地位即是知县。如此一来这些即属（1）时期。又，在No.42判语中登场的关系者姓名与《清明集》卷九“诸定婚无故三年不成婚听离”中的人名是共通的，因此可知是同一个地域内的判语。其地域可能就是位于建宁府浦城县、崇安县的通婚圈之内的县份，故No.42同属（1）知建阳县时期判语的可能性很高。因此可以确认这是他在（1）知建阳县时代与（3）江东提刑时代所撰写的判语。

附带一提，他在（2）广南东路时期（广南东路提举常平、转运使、市舶使）留下两篇上奏文（《大全集》卷七十九），但判语存在不明。而在（4）知漳州、福建提刑时期则既未留下上奏文，判语存在亦不明。

如此一来，虽然可以认为No.37—48《清明集》收录部分的判语是（1）知建阳县时期之产物，但其中多少仍含有一些疑问，

此即 No.43、45、46 这三篇判语。稍微仔细观察一下它们的内容。

首先是 No.43，其中有如下记述：

> ……其父翁宗珏在日，有田五十八种，于淳熙十二年分拨与二子，各得田二十九种。……自淳熙十二年至今，已及三十六、七年，[11]……

就此条记述来说，案件发端于淳熙十二年（1185），其三十六七年后为现在，则撰写判语的时间应该是嘉定十四、十五年（1221—1222）左右。然而这个时期却是在刘后村担任知建阳县的数年以前。根据李谱等，他在嘉定十四年冬被招募入桂州幕府，约一年后返回乡里，这个时期并未有担任任何具体职务的迹象。因此，假定各年谱是正确的，而《清明集》也没有误记的话，那么这就不是他的判语了。

其次是 No.45。其后半部分有如下记述：

> ……前此见于两府判之详议者，至矣，尽矣，州家恐为风教之羞，且从签厅所申，修以和议。……[12]

此处从作者听取判官、签厅的上申来看，可知他并非知县。又从“州家”这种措辞来看，作者应该是路级官员。如此一来即从（2）到（4）这段时期，特别是（3）时期的可能性很高，故 No.45 有可能是应收于《大全集》卷一九二之欠落部分的判语。

还有 No.46，其中提到：

……蔡八三去年闰十二月内经县告谕，官司方行追究，今年二月，又自立离书，将妻阿李遗弃，……既离之后，又复经县经府论诉，……叶棠、阿李不合奸通，合系徒罪，该遇玉宝赦恩，又合原犯。……[13]

在此有“去年闰十二月”与“玉宝恩赦”两条线索。首先，因后者是嘉定十五年正月颁布的恩赦，[14]故这当然是在此之后撰写的判语。其次是前者，放眼嘉定十五年前后各二十年的话，则闰十二月者仅有嘉定十四年而已。[15]故这条判语中所说的“去年”就是嘉定十四年，而撰写判语即其翌年的嘉定十五年。这与No.43 约属同一时期，皆非刘后村之地方官在任期间。

从这样看来，即便暂时搁置若干证据稍弱的 No.45，则 No.43 与 No.46 属于刘后村著作的可能性依然很低。这或许是《清明集》编者的误植，又或是流传到明版的过程之中误写了作者姓名，原因有很多种。例如 No.46 中出现“崇安县”的地名，可知这应是福建路关系的地方官之判语，因此遂混入了曾任知建阳县的刘后村的著作之中。无论如何，我们将这 3 篇排除在考察对象之外。

只是在此应注意的是，假若《清明集》的编者将其混同于“福建路关系的地方官之判语”的话，那么可以认为他是将刘后村与江东路不相关的判语全都视为是“与福建路相关”者。也就是说，《清明集》的编者只注意江东路与福建路而已。我们应当尊重这种当时的常识。

根据以上分析，在刘后村的判语中，可认定有 9 篇是从宝庆元年（1225）起至绍定元年（1228）止的知建阳县时期的作品。

有 36 篇（若分割 No.2 则有 37，若加入 No.45 则为 38）则是从淳祐四年（1244）到淳祐六年（1246）为止任江东提刑时期的作品。接着变换一下理解的角度，继续进行考察。

二、判语格式上的特征

试着分析前揭所有判语，可知其著作时期与相关格式上具有明确特征,此即“帖”与“牒”的使用频率以及严密的分别使用。“帖”与“牒”皆为官厅之间往返文书的形式名称，佐竹靖彦、田中谦二、梅原郁等人已做了解说。据此，“帖”是发给下级机关的形式，“牒”则是给平行机关的形式。[16] 此外，最近平田茂树以《清明集》等作为题材，详细分析了这些文书的往返，并弄清了它们的基本特点。[17]“帖”等下行文书与“牒”等平行文书各自纵横交错，表现出“以向量为中心的官司间之关系”。若试着注意刘后村判语中的“帖”与“牒”，即会发现他的分别使用十分严密。这里抽出其发文对象，并整理如下：

“帖”的发文对象：两狱官（No.1）、县（No.3、12、13、14、17、20、23、25、30、35）、知录事参军（No.5）、巡尉（No.7、25）、司理（No.25）、县尉（No.29）、检验官（No.20）

“牒”的发文对象：通判（No.2）、州（No.3、21、25）、州吏（No.5）、“牒报”（即对上级的报告）（No.5）、诸司（No.6）、都大制置使（No.15）、洪郎中（No.19）、寨（No.23）、安抚司（No.26）、尉司（No.48）

由此可得几点认识。一个特征即 No.37 以后的判语几乎没有使用“帖”或“牒”。仅 No.48 中的一处使用了“牒”，其尉司与县属于平行关系。除此之外没有使用任何的“帖”或“牒”，就此事实来看，显示 No.37 以降的判语应出自官僚机构的基层官署，故除了上级单位以外，几乎无须与其他单位有文书的往来。如此一来，刘后村书写这些判语的场合就是他知建阳县的时代，且可从文书形式上得到证明。如此“当时的常识”带来了相当现实的意义。

附带一提，在县的阶段中，如有必要向上级单位报告时，会采取“申”等形式，至于平行单位间则几乎没有指示或文书往来。刘后村身为知县的主要任务，就是针对民间诉讼作出判决。另一方面，处在江东提刑的地位上时，就必须在各单位之间频繁地往来文书。包括频繁地与其他路官进行协调或下指示给州、县等，此时也就会视场合需要分别地使用“帖”与“牒”了。

接着观察一下这种分别使用的基准。以“帖”来说，从其发文对象为州的属官或县官、县尉来看，很明显是给下级单位的文书。另一方面，“牒”几乎都是发给州官或路官的文书。其中，No.19 有“洪郎中”的人名，所谓“郎中”的头衔应该是一种敬意的表现。另外，No.5、23 是发给州吏和寨，却称之为“牒”的文书。但不能认为这些机关是路官的平行单位，而应是出了某种错误。如此看来，“牒”是身为路官的刘后村发给路官或州官的文书。在此，路官无疑是对等的单位，而州官则是被监督的单位。那么为何会使用“牒”呢？如梅原郁所说，路官是具有“独特性”的单位，必须注意州和它在统属关系上，也有不能完全说是下级单位的部分。[18] 这种路官的特点，应该也反映在发送文书的形式上了。

以上是刘后村判语中的两个格式上的特征，它们对应了撰写的时期。若注意其担任职务的话，可知即分成知县与路官的判语这两种类型。这是成为今后研究判语之基准的格式上的特征。

汇整至此的研讨结果，可以掌握几个有关刘后村判语全貌的特征。即我们可知现存的判语撰写于知建阳县时期和江东提刑时期，而在《清明集》中则包含了我认为并非他所作的判语。另外，他的判语中所使用的文书格式用语，对于“帖”与“牒”的区别十分明确。基于这些认识，下一节拟分析判语的内容。

三、刘后村的判断基准

根据前节的研讨，以下分析将以江东提刑时代的 38 篇（No.2 分割为 2 篇，并加入 No.45）以及知建阳县时代的 9 篇为对象。其中，有的篇幅极短，有的远比其他判语更长，还有中间就断掉的判语。这使得分析相当困难，但因为没有其他材料可用，因此只能以这些为题材来思考他的判断基准。这是延续第二章的研讨工作，故自然也会与胡石璧、蔡久轩的判语做比较。

首先依据表 3-1 的形式整理其判语的全体要点，得出后揭的表 3-3“刘后村判语的内容”。在此设置有关各判语的“事案内容”、“指示与判决之要点”、“理、法、情”以及“其他基准”四个项目，并概括其内容或摘录原文。其中前两个项目无须多做说明，至于后两个项目则与第二章的判断基准有关。亦即，在“理、法、情”项目中，应对于滋贺秀三提出的“天理、国法、人情”三个法源，[19] 为了研讨究竟使用何种用语，故摘录其原文。但因全体的判语数量很少，所以无法像第二章那样个别区分“天理、国法、人情”的内容，而是将三者合并为一。至于“其他基准”项目中，则纳入难以归类在“理、法、情”分类中的用语，如表示国家或皇帝理念的用语。

这些判语即目前现有的史料。另外，在研讨顺序方面，依据判语特点的不同，从知建阳县时期开始，其后分析江东提刑时期的判语。

1. 知建阳县时期的判语

首先确认分析的材料，即表 3-3 中从 No.37 至 No.48 为止的判语，但据前面的考察，将 No.43、45、46 排除在外。知县时期的判语有一点和提刑时期的判语不同，即对关系人直接作出判决，或做出调停。提刑就其地位而言，其重要职责在于对州、县下达指示，而知县则直接面对当事人。那么我们可以从这个时期的判语中读出怎样的特征呢？刘后村又是持有怎样的判断基准呢？

乍看表 3-3 就会注意到，他在“理、法、情”项目中引用的古典、法令等文句之多。几乎所有判语都有引用，甚至在议论中也是。这若与后来江东提刑时代的判语相比就更为清楚了，提刑时代的判语，特别是在前半部分中几乎很少引用。

虽然引用很多，但在“理、法、情”之中的“情”，即关于“人情”的引用仅有一处而已（No.42“合情法”之记述），“理”与“法”，即有关“天理”与“国法”的引用占了绝大多数。在此分类的“天理”，引用了很多《诗经》或其他古代典籍，而与“法”相关的文句也同样引人注意。有关这个“法”，包含了律和编纂法，以及现行法令等所谓的法令类，还有随时颁布的恩赦、指挥等。接着，我们将尝试分析“天理”与“国法”的内容。

首先是两者合并，即“理法”“理与法”的表现方式。这除了在 3 篇判语（No.38、40、42）中的四处如此使用外，在 No.39 中有“理”与“条”的对句，也将其计入。对于这些判语，如前所见已有梅原郁和高桥芳郎的现代日文翻译。[20] 观察这些例子同时，也举出其翻译。

No.38：原文“有词到官，丘汝砺、危文谟不循理法”。梅原译为“不循理法（すじみち）”（第 266 页）；高桥译为“不遵从天理、法律”（第 268 页）。

No.39：原文“夫有出妻之理，妻无弃夫之条”。梅原译为“丈夫有与妻子断绝关系（离缘）之理，但妻子没有抛弃丈夫的条文”，他又附注说明此“理”即所谓“七出”；高桥译为“丈夫有得以断绝关系的道理，但妻子没有抛弃丈夫的法”，并附上和梅原一样的注。

No.40：原文“公事到官，有理与法，形势何预焉”。梅原译为“有理（すじみち）与法”（第 356 页）；高桥译为“有道理和法律”（第 587 页）。

No.42：原文“但揆之理法”、“今据案下笔，惟知有理法耳”。梅原译为“仅以理法（すじみち）考虑之”（第 372 页），“只取余理法，别无其他”（第 374 页）；高桥译为“仅以天理和法律参照之”（第 602 页），“只依据理法”（第 604 页）。

如此可以明白两者翻译上的立场差异。梅原不拘于滋贺主张的三个法源（理、法、情），而一概使用“すじみち”这种正统的翻译。与此相对，高桥则是意识到滋贺说的法源而做出翻译。这两者究竟何者才是妥当的翻译？很难一概判断，因为对于法制史研究，本来就会采取不同的取向。在本文中，目前则依照重视滋贺说的法源的考虑方式。

姑且不论翻译，若考虑判语文义的话，理与法可谓皆是重要的判断基准。这是因为“理”“法”可说已作为一组套语来使用。那么，在“理”“法”各自区别的例子中，又是如何使用的呢？

首先是关于“理”的用语。从引用的古典来看，是《论语》、《礼记》和《诗经》。无论何者都是儒学的基本古典，也是构成士大夫基本教养之书。但是，由于做文章时本来就屡屡会引用这些经典，因此未必能够将此视为裁判时的判断基准，且从中也很难看出任何特征。除了这些之外，剩下的是“义理”与“人伦之爱”。其中，“义理”属一般性的表现方式，而“人伦之爱”以No.44中使用的文句来说，叙述的是兄弟关系应有的样子。从而，在此除了一般性的理之外，特别有意识者仅能举出兄弟关系之理。尽管例子很少，但总之希望先注意这点。

其次是关于“法”的用语。在No.40中引用了现行法令（出处不详）和律，在No.48中则引用了两条收录于《庆元条法事类》中的法。其他的“法”“条”“敕”等，则是一般意义上的法令、规定。但是，在几乎所有判语中都使用了有关法的词汇，这可以理解为刘后村具有法的意识，并忠实于法以做出判决。他作为知县的职务，是十分认真地按照法来进行的。或许《清明集》的编纂者对于这种具有法律意识的判语给予高度评价，因此才将它们收录其中。

综合以上所见，刘后村任知县时代的判语，基本上是依据“理”

与“法”，特别是据“法”来书写，这点是确实的。至于“情”，几乎未见关于人情的基准，且灰色地带的部分很少。仅以此而论，可说是客观且严密的判语。

2. 江东提刑时代的判语

接着观察江东提刑时代的38篇判语。从表3-3也可看出几项特征。

首先，这些判语如“指示、判决之要点”项所整理的，主要是针对下级单位上呈的判所做出的某种指示。这是所谓提点刑狱的实务性判语，但表3-3前半到No.23为止的判语，并列许多这种对于下级单位的实务性指示。另一方面，后半部分的判语尽管也是对下级单位的指示，然而有很多是刘后村自己重新审理、再次做出的判决，或者进行调停的判语。这里可见前半部分与后半部分收录的判语特点明显不同。这有无可能是将判语收录至文集时做了某种整理？不得其详。

这种内容的差异，也反映在其次的“理、法、情”项目中。这从后半部分的引用文比前半部分更多这点即可推知。这应是由于在实务性判语中，没有特别提及“理”与“法”的必要。只要指出上呈判语的问题点，使其再审理等，如此直率地指示即可。可是因为是自己经手的判语，故提及“理、法、情”，亦即提示判断基准就成了必要的手续。

随之，也要注意“其他基准”项目。在这里，引用处则是前半部分比较多，后半部分几乎没有。这个基准如后面所见，表明的是宋王朝应强调的统治理念等内容。若是如此，可以认为是在下达实务性指示给下级单位时，再次确认了统治理念与行政官僚应有的姿态。例如以下所示（以下揭载原文系据前揭高桥芳郎的遗著《黄勉斋与刘后村》）：

> No.3：原文“任牧养拊字之责者”。此处叙述官僚应有的姿态，系以养民、安民为责任。
>
> No.4：原文“伤朝廷之仁厚，断国家之命脉”。此处指出对强制性征税措施之批判，以及绝对不可伤害朝廷仁德及其对人民的深厚恩情之原则。
>
> No.8：原文“县令字民之官”。此处引用司马光的话，确认了县令乃爱护人民之官的理念。
>
> No.9：原文“可谓不负教养之寄者矣”。此处褒扬了采取减税措施的知州，指出这种措施没有违背皇帝爱护、养育人民的付托。
>
> No.11、23：原文“为民父母，宁忍之乎”、“长官为民父母，何忍下此笔哉”。这些确认了为民父母官的宋朝理念，且不可采取违背这种理念的措施。
>
> No.21：原文“此朝廷旷荡之泽也”。此处支付钱、绢、酒、米给高龄者，确认了朝廷广施的恩泽。
>
> No.23、24：原文“杀一不辜，非惟犯先圣谟训，亦非累奉御笔诏书谨刑之意”、“一日可以成狱，却恐非公朝谨刑，及圣上付耳目于宪臣之意”。这两者的共通点在于“谨刑”，亦即“谨慎用刑”的理念，并批判了与此相违背的处置方式。

以上确认了作为宋朝官僚应有的姿态。即如父母般地爱护、养育人民，且不可轻易地使用刑罚。这些全都是统治人民时所应顾虑之处。众所周知，与官僚、士大夫相对的是把人民视为“愚民”[21]的统治理念，即追求对此种人民无微不至的照顾。即使实务性指示才是判语的要点，但也必须不断反复申明这些众所周知的理念，这应该是刘后村的想法。特别是对于下级单位的负责人，他判断这正是必要的指示。

至此，在观察了判语性格的全体倾向之后，我们接着稍微仔细看看个别的基准。首先，知县时期只出现过一例的“情”，在此则有三篇判语使用。个别来看即如下所示：

No.16：原文“人情孰不爱其亲生之子”。这里指出无人不爱自己的孩子，如文字所述，这属于人类一般性的感情。

No.28：原文“人情法意之所可行”。此处指出族人赠送土地的行为，不管于情于法都是一致的。因而明显是以“情”作为判断基准。

No.33：原文“人情岂相远哉”。此处从亲子感情来说，双方当事者的立场就人类感情而言并无不同，这与一般性的感情也很难区分。

如此，虽然可以将 No.28 理解为判断基准，但其他的“人情”只是一般性的感情记述，很难区别。若与知县时代的判语合而观之，则关于刘后村的“人情”基准并不是那么明确。

这里还应注意一点，胡石壁等人的判语中频繁出现的“从轻”等语，即量刑之际的减轻措施，只有一例。这是裁判官根据“人情”所做的刑罚减轻措施，对我们来说也是不太容易理解的措施。这在刘后村的判语中几乎看不到。当然，因为判语也并非完整保留下来，其中也可能省略了量刑的部分。再者，残存判语的全体数量也很少，因此内容也可能有所偏重。但是，若仅限于目前所能读到的判语来说，看不到任何适用人情原则的重要例子。这表明了他的判语实为排除暧昧之处的事实。他的判语可说是更加客观、严密的判语。

其次是“理”与“法”，两者一体使用的例子有No.24、26、33。

No.24：原文“法有刑名疑虑之条，经有罪疑惟轻之训”。这是使法与经（即“理”）相对应之文，无论何者皆指若无证据时应更谨慎用刑之意。这明显是使用“法”与“理”作为判断基准。

No.26：原文“以为新检法明习法理”。这是对新任检法官的评价之语，他认为对方精通“法”与“理”。就此来看，这也是用作判断基准的法理。

No.33：原文“通仕、刘氏皆缘不晓理法，为囚牙讼师之所鼓扇”。这指的是两人皆因不懂“理”与“法”，因此遭到讼师煽动。判断基准同样还是“理”与“法”。

如上，这三例都表现为契合所谓“天理”“国法”的基准。那么个别使用的时候又是如何呢？先从“理”看起。

首先，引用的古典为《孝经》《列子》，若将No.45也纳入的话，还有《诗经》、《书经》与《史记》。又No.17有使用“孝子仁人”一语作为“天理”之例。但这些如前所述，不能特别视为判断基准，故无法掌握任何特征。那么其他判语的例子又是如何？

No.3：原文“知县或奋由科第，或出于名门，岂其略无学道爱人之心哉”。这里指出既然是知县，自然有“学道爱人”之心。这是“天理”的一端。

No.14：原文“惟以弟纠兄则不可”。这与前面出现过的例子（No.44）一样，批判了弟弟违背“友爱”的行为。因而这也是判断基准。

No.16：原文“又欲自受遗泽，是不友爱其弟矣”。此处批判哥哥一人占据了“遗泽”（高桥芳郎解释为“恩荫”），从而违背兄弟友爱之理的行为，因此这也是一个基准。

No.27：原文“直司剖决民讼，不论道理，以白为黑，以曲为直”。这里批判了直司判决时不讲求“道理”的做法，很明显是判断基准。

No.45：原文“岂非天伦之至爱，举天下无越于此乎”，“岂得不知同气之大义，颠冥错乱，绝灭天理，一至于此乎”。在这两例中，前者只是对前述引用的《诗经》句子做出评价，后者则是对于具体案件的判决。在此批判了兄弟间的纷争，以及做出违背天理行为的弟弟，很明显是判断基准。

以上5篇、6处中可见到的“理”及其具体事例，几乎都是重要的判断基准。特别是关于兄弟友爱的例子占了多达半数的3例。这与知县时期的判语一样，可说是刘后村重视的“天理”要素。总之，他相当重视以“天理”作为判断基准，这点毋庸置疑。

最后是“法”，这部分应该无须个别举例说明。刘后村引用了各式各样的律、法，又引用敕令、指挥，甚至如表3-3摘录所见，还曾提及了抽象的法。他也引用具体的条文（这些在表中之“法”

以画线表示）。由此可知刘后村应是前后一贯地忠实于法的。

结语

如以上所见，可以确认刘后村判语的全貌，并把握其判语所表明的判断基准。作为判语特征的“法”与“理”皆为重要的判断基准，但“情”却很难说是明确的基准。另外，其中屡次提到宋朝的统治理念，可知他也很重视这点。他的判语大致上可谓是严密地依据“法”的基准而撰写的，在此他力图做出黑白分明的判断。

附带一提，从刘后村这种对“法”的态度来说，那种认为不存在所谓“女子分法”的主张，恐怕是不能成立的。[22] 不如说，当时存在着那样的法，而且适用于裁判或调停之际，这样的想法比较妥当。问题是“女子分法”形成的背景与目的，仍有待今后讨论的深化。[23]

总之，很可惜的是残存的判语数量不多，但从目前所能见到的刘后村判语中，可以看出至此所论述的特征。

表 3-1 刘后村判语的全体像

No.	后村全集	题名	清明集	题名	日译注	备注
1	卷一九二—1	建康府申已断平亮等为宋四省身死事				
2	2	太平府通判申追司理院承勘僧可谅身死推吏事	卷一—25	催苗重迭断杖		结合两篇
3	3	弋阳县民户诉本县预借事	卷三—5	州县不当勒纳预借税色	高桥书 46 页	
4	4	贵池县申吕孝纯诉池口立都巡催科事				
5	5	贵池县高廷坚等诉本州岛知录催理绢绵出给隔眼事				
6	6	饶州申备鄱阳县申催科事	卷三—6	州县催科不许专人	高桥书 48 页	
7	7	帖乐平县丞申乞帖巡尉追王敬仲等互诉家财事				本文 3 行[24]
8	8	黟县申本县得熟即无旱伤寻具黟县雨暘帐呈				4 行

续表

No.	后村全集	题名	清明集	题名	日译注	备注
9	9	徽州韩知郡申蠲放旱伤事				
10	10	户案呈委官检踏旱伤事				
11	11	安仁县妄摊盐钱事				3行
12	12	浮梁县申余震龙等不伏充役事				19行分欠[25]
13	13	鄱阳县申差甲首事				5行
14	14	析门县申许必大乞告示兄必胜充隅长事				2行
15	15	铅山县申场兵增额事				
16	16	饶州宗子若璩诉立嗣事				
17	17	上饶县申刘熙为举掘祖坟事				
18	18	贵溪县毛文卿诉财产事				
19	19	持服张辐状诉弟张载张辂妄诉赡茔产业事				
20	20	德兴县董党诉立继事			滋贺书349页	

续表

No.	后村全集	题名	清明集	题名	日译注	备注
21	21	坊市阿张状述年九十以上乞支给钱绢事				3行
22	22	信州申解胡一飞诉刘惟新与州吏杨俊荣等合谋诬赖乞取公案赴司				
23	23	饶州州院申徐云二自刎身死事				
24	24	饶州州院推勘朱超等为趯死程七五事				后半欠
25	卷一九三—1	饶州司理院申张惜儿自缢身死事	卷十三—51	自撰大辟之狱	惩恶126页	
26	2	建昌县邓不伪诉吴千二等行劫及阿高诉夫陈三五身死事				
27	3	鄱阳县申勘余干县许珪为殴叔及妄诉弟妇堕胎惊死弟许十八事	卷十三—54	妄以弟及弟妇致死诬其叔	惩恶134页	
28	4	饶州州院申潜彝招桂节夫周氏阿刘诉占产事	卷四—26	干照不明合行拘毁	梅原书187页、高桥稿92页	

续表

No.	后村全集	题名	清明集	题名	日译注	备注
29	5	鄱阳县东尉检校周丙家财产事	卷八—127	女婿不应中分妻家财产	滋贺书612页、梅原书79页、高桥书539页	引用女子分法[26]
30	6	铅山县禁勘裴五四等为赖信溺死事				
31	7	饶州司理院申勘到徽州都吏潘宗道违法交易事	卷十一—36	都吏潘宗道违法交易五罪	惩恶77页	
32	8	饶州州院申勘南康卫军前都吏樊铨冒受爵命事	卷十一—37	南康军前都吏樊铨冒受朝廷爵命等事	惩恶79页	
33	9	建昌县刘氏诉立嗣事	卷八—111	继绝子孙止得财产四分之一	滋贺书455页、梅原书62页、高桥书481页	引用女子分法
34	10	都昌县申汪俊达孙汪公礼诉产事				
35	11	贵溪县缴到进士翁雷龙公札诉熊大乙将父死尤赖事				

续表

No.	后村全集	题名	清明集	题名	日译注	备注
36	12	乐平县汪茂元等互诉立继事				
37			卷五—43	争山妄指界至	梅原书242页、高桥书150页	有建阳地名
38			卷九—147	母在与兄弟有分	滋贺书427页、梅原书266页、高桥书267页	
39			卷九—187	妻以夫家贫而仳离	梅原书352页、高桥书583页	
40			卷九—188	女家已回定帖而翻悔	梅原书355页、高桥书585页	
41			卷九—189	定夺争婚	梅原书358页、高桥书371页	

续表

No.	后村全集	题名	清明集	题名	日译注	备注
42			卷九—193	已嫁妻欲据前夫屋业	滋贺书621页、梅原书371页、高桥书599页	
43			卷十—16	兄弟论赖物业	人伦32页	嘉定十四、十五年之判语?
44			卷十—17	兄侵凌其弟	人伦33页	
45			卷十—18	兄弟争财	人伦35页	
46			卷十二—7	吏奸	惩恶22页	嘉定十五年之判语?
47			卷十四—90	屠牛于庙	惩恶210页	标点本仅有1行
48			卷十四—91	宰牛者断罪拆屋	惩恶210页	

附注：

“滋贺书”：滋贺秀三，《中国家族法原理》，创文社，1967 年。

“梅原书”：梅原郁译注，《名公书判清明集》，同朋舍，1986 年。

“高桥书”：高桥芳郎，《译注〈名公书判清明集〉户婚门》，创文社，2006 年。

“高桥稿”：高桥芳郎，〈《名公书判清明集》卷三赋役门译注稿〉，《北海道大学文学研究科纪要》116，2005 年。

“惩恶”：清明集研究会，《〈名公书判清明集〉惩恶门译注稿》，汲古书院，1991—1995 年。

“人伦”：同上，《〈名公书判清明集〉人伦门译注稿》，同上，2005 年。

表 3-2 地方官的履历

年号	年龄	任职地	官职	备注
嘉定三年（1210）	24 岁	江南西路隆兴府靖安县	主簿	
嘉定四年（1211）	25 岁	同上	同上	
嘉定五年（1212）	26 岁	同上	同上	
嘉定六年（1213）	27 岁	同上 父死，归乡里	同上	
嘉定七年（1214）	28 岁			
嘉定八年（1215）	29 岁			
嘉定九年（1216）	30 岁	福建路福州	右理曹（未赴任）	
嘉定十年（1217）	31 岁	真州	录事参军	
嘉定十一年（1218）	32 岁	同上	同上	
嘉定十二年（1219）	33 岁	同上	同上 辞职	
嘉定十三年（1220）	34 岁			
嘉定十四年（1221）	35 岁			
嘉定十五年（1222）	36 岁	桂州	幕府	
嘉定十六年（1223）	37 岁	归乡里→临安		

续表

年号	年龄	任职地	官职	备注
嘉定十七年（1224）	38 岁			向谱：知建阳
宝庆一年（1225）	39 岁	福建路建宁府建阳县	知县	程谱：知建阳
宝庆二年（1226）	40 岁	同上		
宝庆三年（1227）	41 岁	同上		
绍定一年（1228）	42 岁	同上　任满，归乡里		
绍定二年（1229）	43 岁			
绍定三年（1230）	44 岁			
绍定四年（1231）	45 岁			
绍定五年（1232）	46 岁			
绍定六年（1233）	47 岁	通判吉州→临安		
端平一年（1234）	48 岁			
端平二年（1235）	49 岁			
端平三年（1236）	50 岁	福建路漳州	知州（未赴任）	李表：福建路转运副使
嘉熙一年（1237）	51 岁	江南西路袁州→归乡里	知州（旋即解任）	

续表

年号	年龄	任职地	官职	备注
嘉熙二年（1238）	52 岁			
嘉熙三年（1239）	53 岁	江南西路→广南东路	提举常平	
嘉熙四年（1240）	54 岁	广南东路	提举常平→转运使、市舶使	
淳祐一年（1241）	55 岁	同上	同上　解任	李表：广东路转运判官、提刑
淳祐二年（1242）	56 岁			
淳祐三年（1243）	57 岁			
淳祐四年（1244）	58 岁	江南东路	提点刑狱	
淳祐五年（1245）	59 岁	同上	同上	
淳祐六年（1246）	60 岁[1]	同上　临安→归乡里	同上　解任后回中央	
淳祐七年（1247）	61 岁	福建路漳州	知州	

[1] 淳祐六年（1246）年龄应为 60 岁，原著误植为 61 岁。——译者注

续表

年号	年龄	任职地	官职	备注
淳祐八年（1248）	62 岁	同上　母死，归乡里	同→福建路提点刑狱→辞职	
淳祐九年（1249）	63 岁			
淳祐十年（1250）	64 岁			
淳祐十一年（1251）	65 岁	临安		
淳祐十二年（1252）	66 岁	福建路建宁府	知府兼转运使（未赴任）	
咸淳五年（1269）	83 岁		去世	

附注：

主要依据李国庭，《刘克庄年谱简编》，收于《宋人年谱丛刊，1990 年初版。

“向谱”：向以鲜，《超越江湖的诗人》，巴蜀书社，1995 年。

“李表”：李之亮，《宋两江郡主易替表》，巴蜀书社，2001 年。

“程谱”：程章灿，《刘克庄年谱》，贵州人民出版社，1993 年。

表 3–3 刘后村判语的内容

No.	后村全集	清明集	事案内容	指示、判决要点	理、法、情	其他基准
1	卷一九二一1		指出狱官手续之误	“酌情处断”“遵照条令”		
2	2前半	卷一—25	嫌疑犯死亡	司理参军对移，推吏杖刑等	“不守三尺之戒”	
	2后半		虐待胥吏	告诫乐平县主簿	“身体发肤受之父母”（《孝经》《南史》）	“伤朝廷之仁厚”
3	3	卷三—5	预借税色	令县处分胥吏	“学道爱人之心”	“牧养拊字”
4	4		征税严苛	管束州官、巡检、吏卒	“在法”	“伤朝廷之仁厚”
5	5		录事参军催科征税	问责录事参军		
6	6	卷三—6	征税业务	不轻易派遣专人		
7	7		关于家产的诉讼	令县丞派隅保调查		
8	8		旱灾的实情	指派通判调查事实		“县令字民之官”（司马光）

续表

No.	后村全集	清明集	事案内容	指示、判决要点	理、法、情	其他基准
9	9		减税措施的报告	对州的减税措施给予好评		“不负牧养之寄”
10	10		旱灾调查的实情	指派佥厅、知县调查		
11	11		非法摊派盐税	申斥知县		“为民父母”
12	12		不伏充役	令县开具名单（鼠尾单）		
13	13		义役诉讼	令县管束役首	“不义之役”	
14	14		隅长选任	令县照原判执行	“以弟纠兄则不可”	
15	15		场兵增额	要求都大司须与县商量		
16	16		宗室母子、兄弟立嗣之争	令县停止追究（住行）	“友爱”、“人情”、“以恩掩义”	
17	17		掘祖父之墓	令县再调查	“孝子仁人”、“条令”	
18	18		贫民财产之争	处原告杖刑		

续表

No.	后村全集	清明集	事案内容	指示、判决要点	理、法、情	其他基准
19	19		兄弟四人分家产	委托亲族调停、监管	“通天下之成法”	
20	20		母子立继之争	令两县委托（董许）二士调停	“见行条令”：“夫亡从妻之法”；“父在日所立不得遣逐之文”	
21	21		赐与老人恩泽	令州支给钱绢		“朝廷旷荡之泽”、“上恩”
22	22		捏造诉讼案件	令通判处罚吏人等	“赦原之法”	
23	23		县对于豪强捏造诉讼的处理方式	告诫知县，更改处罚		“为民父母”、御笔诏书谨刑之意”
24	24		有关杀人事件之冤罪	重新审理案件后处罚之	《史记》、《左传》、“在法”、“法有……，经有……”、“减降之诏”、“明堂赦宥”、“鬪杀情轻者减一等之文”、“律文”、“当奉赦条从事”、“照赦原罪”	“公朝谨刑”

续表

No.	后村全集	清明集	事案内容	指示、判决要点	理、法、情	其他基准
25	卷一九三—1	卷十三—51	捏造杀人事件（威逼他人致死）	问责县尉，处推司杖刑，告诫州		
26	2		强盗与杀人	重新审理事件后处罚	“情理本有可察”、“经赦”、“赦文”、“明习法理”、“引律援赦”、“照赦原罪”	
27	3	卷十三—54	暴力、诬告事件	书拟官减俸，重新审理后处罚	“何理”、“经赦”、“照赦勿论”、“不论道理”	
28	4	卷四—26	买官士人非法购置土地	重新审理事件后处罚	“人情法意之所可行”、“何理”、“违法契字”、“倚赦拒追”、“引赦免断”	
29	5	卷八—127	家产分割之争，女子分法	重新审理后调停	“在法”、“合法意”、“不顾条法”、“张乖崖三分与婿故事”、“见行条令”、	
30	6		船夫溺死与诬告	问责知县、覆验官，重新审理后处罚		

续表

No.	后村全集	清明集	事案内容	指示、判决要点	理、法、情	其他基准
31	7	卷十一—36	都吏违法土地交易	重新审理后处罚	“违法强买”、“从轻”	
32	8	卷十一—37	都吏违法买官与横暴	重新审理后处罚	“过于官法”、“从条”	
33	9	卷八—111	立嗣与分家产之争，女子分法	重新审理后调停	“国家无此等条法”、“在法”、“令文”、“未晓法”、“不晓理法”、“为背理伤道”、“绝户子得四分之一条令”、“合法意”、“尽给在室女之文”、“人情岂相违哉”、“从条令”、“违法交易”、“照法标拨”、“诸子均分之法”、“照减降旨挥”、“以法论之”、“此何理哉”、“如法营办”	
34	10		土地买卖之争	重新审理后依原判执行		
35	11		进士诬赖	指示知县劝谕	《列子》	

续表

No.	后村全集	清明集	事案内容	指示、判决要点	理、法、情	其他基准
36	12		立继之争	重新审理后处罚胥吏	“岂有四世再从兄弟欲以其子双立之理”	
37		卷五—43	土地买卖之争，再审	将原告（在地有力者）杖刑		
38		卷九—147	母子土地违法交易	交易无效，牙人杖刑	“有正条”、“条令”、“不循理法”、“照违法交易条”、“犯在赦前，自合免罪”	
39		卷九—187	违法离婚，再审	劝解调停复合	“出妻之理”、“弃夫之条”、“义理”、《论语》、《礼记》	
40		卷九—188	不履行婚约，再审六次	劝解调停	“在法”、“律文”、“文法”、“法意”、“由法不由知县”、“条法”、“有理与法”、“在法”、“法制”	
41		卷九—189	非法婚姻关系	劝解调停	“抵冒法禁”、“违法”、“犯在赦前”	
42		卷九—193	前妻欲夺取前夫之财产	土地典卖无效等	《诗经》、“揆之理法”、“唯知有理法耳”、“法”、“合情法”、“违法娶娼妇”	

续表

No.	后村全集	清明集	事案内容	指示、判决要点	理、法、情	其他基准
43		卷十—16	—	—		
44		卷十—17	兄弟争财产	使其归还侵夺之财产	“人伦之爱”、“以法废恩”	
45		卷十—18	兄弟争财产	从佥厅所申	《诗经》、《书经》、《史记》、“天伦之挚爱”、“同气之大义”、“天理”	（或为提刑时代之判）
46		卷十二—7	—	—[27]		
47		卷十四—90	于庙祭中杀牛	?	“杀牛之条”	
48		卷十四—91	杀牛	处屠户业者（乡书手）杖刑，停业	“宪纲”、“在法”、“从条施行”	

注释

1　笕文生、野村鲇子：《四库提要南宋五十家研究》，汲古书院，2006，第 348 页等处。

2　有关他的经历，见中砂明德：《刘后村与南宋士人社会》（〈劉後村と南宋士人社会〉），《东方学报》66 册，1994。后收于氏著《中国近世的福建人》（《中国近世の福建人》），名古屋大学出版会，2012。小林义广的《南宋时期福建中部地域社会士人》（《东海史学》36 号，2001）等亦有详述。

3　详见拙著《唐宋時代的家族·婚姻·女性》（明石书店，2005），参考《序章　遗产的下落》（〈序章　遺産のゆくえ〉）等处。

4　高桥芳郎：《黄勉斋与刘后村》（《黄勉齋と劉後村》），北海道大学出版会，2011。

5　参照本书第一部第二章“胡石璧的人情”。

6　但在李之亮所著《宋两江郡守易替考》中，他引用《江西通志》指出从淳祐四年到六年为止的知信州是章铸。另一方面，若检索所有姓虞的知州，则仅有嘉熙二年到四年（1238—1240）之间的虞复一人而已（根据《江西通志》《两浙名贤录》）。我们无法确认虞复与虞曾究竟是否为同一人，但如果是的话，则撰写这道判语的时间，距离虞复离任已经过了四年以上。又或者曾经存在过没有留下任何记录的虞曾？只能留待后考。

7　例如前揭注释 2 中砂明德的相关论文等。

8　《福建图书馆学刊》1990 年第 1、2 期。后录于《宋人年谱丛刊》11 册。

9　贵州人民出版社 1993 年版。

10　《超越江湖的诗人》（巴蜀书社，1995）附录。

11　《名公书判清明集》卷十“兄弟论赖物业”。

12　《名公书判清明集》卷十“兄弟争财”。

13 《名公书判清明集》卷十二“吏奸”。

14 《宋史》卷四十“宁宗本纪”嘉定十五年春正月己未条有“以受宝大赦”。

15 依据陈垣编、董作宾增补的《二十史朔闰表》（台北：艺文印书馆，1971）；以及日本内务省地理局编纂的《新订补正三正综览》（四版，芸林舍，1973）。

16 参考佐竹靖彦：《〈作邑自箴〉译注稿》（3），载于《冈山大学法文学部学术纪要》37，1977；田中谦二：《朱子语类外任篇译注》，汲古书院，1994；以及梅原郁译注的《名公书判清明集》（同朋舍，1986）等。

17 平田茂树：《宋代地方政治管见》，《东北大学东洋史论集》11 辑，2007。后收于氏著《宋代政治构造研究》，汲古书院，2012。

18 梅原郁：《宋代司法制度研究》，创文社，2006，第三章《地方司法行政（三）路》［第三章“地方の司法行政（三）路”］等。

19 滋贺秀三：《清代中国的法与裁判》，创文社，1984，第四章《民事法源的概括性检讨——情、法、理》（第四“民事法源の概括的検討——情・法・理”）。

20 梅原郁：《名公书判清明集》，同朋舍，1986。高桥芳郎：《译注〈名公书判清明集〉户婚门》，创文社，2006。

21 参考大泽正昭《主張する〈愚民〉たち》（角川书店，1996）等。

22 参考大泽正昭：《唐宋時代の家族・婚姻・女性》，〈序章 遺産のゆくえ〉。

23 关于这点，目前有几种不同见解。最近的观点有高桥芳郎的《再考〈南宋“儿女分产”法〉》，载于中国台湾地区《法制史研究》，12 号，2008。

24 在《四库丛刊》本中，该判语只有 3 行（下文依此类推），疑似内文有脱漏，故特于备注说明，以作提醒。

25　指《四库丛刊》本的第 19 行有空白之处，疑似有脱漏字。下同。

26　因传统分家产以诸子均分为原则，女子仅有户绝时才能继承家产，但《清明集》等史料中出现很特殊的规定，即“在法，父母已亡，女合得男之半”，也就是在非户绝的前提下，女子仍可分得财产，只不过仅有男子的一半，此作法目的在于保护在室女出嫁前的生活。因女子分得财产一事十分特别，故围绕此条史料的解读成为中国法制史学界高度关注的议题之一。此处即提醒此条判语中引用到前揭特殊的女子分家产规定。

27　43 及 46 号的横线，表示作者推测这两个判语非刘后村所作，而是其他人所作，误植于刘后村的文集之中。

第四章

南宋判语所见的当地有权势者、豪民

前言

在前章为止的考察中，一定程度上厘清了《清明集》的性质，以及其中所收判语之判断基准的形态。本章将根据此成果来解决社会史研究的课题。主题就是迄今所研究的当地有权势者。

目前为止，我的研究课题之一，就是关于唐宋变革期的中间阶层究竟发生了何种变化的问题。我采取这个视角研究了基层社会有权势者的经济性活动等问题。[1] 此处所谓中间阶层，指的是介于皇帝和高级官僚与基层社会中间位置的阶层，亦即士人、寄居官、胥吏、地主、当地有权势者、豪民等的总称。此一范畴虽也包含县级的地方官，但很难画出一条明确的界线，这仍有待今后的研究。无论如何，中间阶层对基层社会具有很大的影响力，他们也对基层社会的维持、再生产发挥了很大的作用。唐宋变革期的下部构造，特别是以农业生产为首的经济再生产构造的变化，正是思考社会构造的历史性变化时，绝对必须研究的对象。

在中间阶层里，首先应该得到注意的是当地有权势者、豪民阶层。他们因为与一般小农民、都市民众直接接触，故影响力特别大。尽管历来皆知他们的活动散见于各处史料，但详细的实像并不十分明确。然而，自从20世纪80年代前半期发现了明版《名公书判清明集》14卷完本（以下简称《清明集》）以后，他们的实像就开始变得十分清晰，研究自此也进入了新的阶段。话虽如此，全面活用以《清明集》为首的判语史料的研究，目前可说尚未出现。再者，中间阶层的社会定位也还有未解明的部分。

本章就是从以上的问题意识出发，分析南宋的当地有权势者。在此，我们希望全面性地观察《清明集》等南宋判语，考察其中所记载的当地有权势者的实态及其历史特性。这是为了把握历经唐宋变革期以后的中间阶层的形态，必须首先展开的工作。另外，我曾经试着对豪民的本质提出粗略的展望。[2]本文在确认其方向性的同时，企图以史料进行更细致的论证。

一、先行学说与史料研究

首先回顾一下目前为止的主要学说。我希望确认这些论点后，得以确认目前研究的进展与遗留的课题。

1. 官户、形势户与豪民的研究

周藤吉之最早提出了这个问题。周藤对于唐代后半期到宋代大土地所有者的成长，乃至地主—佃户制的成立与展开，发表了详细且庞大的研究文献。其中主题之一就是官户、形势户。[3]根据其研究，宋代的大土地所有者虽有许多构成官户、形势户，不过（官户、形势户的）实体乃是三等以上的上等户，他们也是地方的豪族。此处所谓的形势户，按《庆元条法事类》（以下简称《事类》）的规定，即“谓见充州县及按察司吏人、书手、保正、耆户长之类并品官之家非贫弱者”。亦即，就大土地所有者这点来说，形势户、官户、豪族是相同的，而且前两者是与国家机构关系很深的阶层。只是，这里只把问题关心限定于新兴大土地所有者，以及地主—佃户制的研究。再者，周藤把豪族作为普通名词使用，并与官户、形势户的史料用语并列，这使得我们对于他们在基层社会的存在形态和活动的认识变得暧昧不明。

柳田节子继承周藤的研究，并加以深化之。[4] 柳田是以厘清宋代支配层的本质作为问题意识去研究形势户。其结果显示，他们作为大土地所有者这点没有改变，他们在史料上表现为“豪民”等用语，且他们是孕育宋朝官僚的社会阶层。进而，她又指出，当时的支配阶层是由形势户（官户）、吏人、豪民所构成，他们彼此具有互相寄生的关系。这里所谓的寄生关系，即明确地意识到国家权力的存在，并表现出“相互依存的构造”，[5] 这样比较容易理解。只是在那个时间点，明版的《清明集》尚未公开刊行，自然无法涉及其中登场的豪民的实态。

梅原郁对这点作了补充，并使讨论更加深入。[6] 就“豪民—形势—官户”此点来说，梅原和柳田的认识是一致的。在此基础上，他借由深入研讨“形势”的意思，指出他们具有“狡吏、豪强”与“暴发户”的形象。此外他指出“形势”这个用语的多义性，其中包含了唐代后半期以降的新兴统治者阶层，诸如官员、胥吏、当地豪民、职役户等等。亦即“形势”这个概念所指涉的，正是于唐宋变革期的流动性世界中所登场的新兴阶层。这个见解作为当时理解中间阶层的方式，引起了很大共鸣。

草野靖对这些研究提出异议。[7]草野根据《事类》对于形势户的定义很明确这点，认定他们不是“豪民”。也就是说，所谓形势户即“在官，利用官的身份压迫百姓，以此图谋私利者”。虽然能够理解其论点梗概，但也有令人无法同意之处。其中之一即对“形势”的理解。众所周知，宋代方面，史料用语的概念并无严密定义，关于“形势”也不例外。像草野这样，以《事类》界定的概念为本，就想解释所有的史料，不得不说是窒碍难行的。这就好比，即便是用于《事类》这种法制史料的用语，也无法符合现代概念下的法制史定义。这是一样的道理。例如，分析《清明集》的用语时，就会不断发现其概念的暧昧之处。再者，有关“豪民”与国家无关这点，从后述史料来看我们也无法同意。因此，草野氏的研究结论是难以使人同意的。

梁庚尧与草野在同一时期发表了关于官户、士人的研究。[8]梁氏将南宋的官户、士人区分为豪横型（以“武断乡曲”为特征）与长者型（以“施财济人”为特征）。这种区分也可能包含官户、士人以外的势力，他特别关注并分析了豪横型势力的活动。结果显示，他们是在政府统治能力不足，以至于不得不依赖当地势力来处理行政实务的背景下进行活动，其（对政府而言）具有不可或缺的作用。梁氏研究中所谓的宋朝统治能力不足，若按南宋的现实来看，确实是具有说服力的主张。再者，他提出官户、士人阶层两种类型的区别，也是很重要的。这是今后的研究应当善加活用的成果。

除上述研究外，最近在中国出现了试图超越历来的地主制论和关于中间阶层的热烈讨论。例如林文勋、谷更有提出的“富民”论，[9]或是最近如廖寅的“基层控制力量”论等，[10]这股动向似乎还在增强。其中，林文勋以“契约租佃制”的地主阶级来理解富民，认为这个阶层正是于唐宋变革之中逐渐站稳脚跟的。[11] 廖寅则以“民间强势力量”说明中间阶层，指出他们包括“富族”“士族”“寺观”等在内。他们是一种对“平民百姓”具有影响力的团体，也是一种依据自身势力对基层社会造成很大影响的存在。但是无论何者，这些研究或新主张都给人一种过于急躁的感觉，在理论或实证部分皆留下有待深入的课题。附带一提，王善军等人作为这类研究的先驱，已经抛出过问题了。[12]

以上关于官户、形势户、士人、豪民的研究已经相当深入，可以预料今后还会出现相当多的研究。但即便从前述简单的学说整理也能明白，究竟关注中间阶层的哪一个部分，这是因研究者不同而异的。固然在把他们视为大土地所有者、地主这点上，大家的观点几乎一致，但究竟是关注官户、形势户、士人的一面，还是注意豪民之中的“豪横”特质？就这点来说又产生了不同的理解方式。本章希望根据这些研究成果，找到一条探索基层社会再生产构造本质与社会构造变化的线索，眼下则是关注在南宋判语中出现的当地有权势者整体，以推进研究。亦即，我不是以官户、形势户这种史料上的称呼，或是地主、豪民这类生产关系上的规定来理解，而是想要先举出领导基层社会的阶层全体，进而探讨其影响力的实态与特质。

2. 史料及豪民的研究

本章使用的史料是南宋的判语。判语研究在这二十余年间有了飞跃性的进展。高桥芳郎是最具代表性的研究者之一。可称之为其遗产的《清明集》研究，以及《黄勉斋集》《刘后村集》《文文山集》（皆为略称）的判语研究，是给学界带来莫大裨益的贡献。[13]另外，梅原郁对《清明集》的译注属于先驱性的贡献，[14]至于我们的《清明集》研究会，也发表了译注稿。[15]

利用这些成果，固然为厘清许多论点提供了条件，但首先不可或忘的，是厘清各文集类所收的判语的特点，因为这是作为研究出发点之史料批判的基础。首先，一方面补充迄今为止我所作的研究，[16]并简单地触及判语的特征，再更仔细地看一下以上述为基础的豪民研究之内容。

首先是判语的特征。《黄勉斋集》、《刘后村集》的判语，明显地表现出作者的个性。前者的引人注意之处是对寄居官的批判，至于后者的重点，则是对任职辖下地域的现役官僚的批判。另外，在《清明集》所收的判语中，也可以明显看出每位作者的个性。例如，在滋贺秀三所谓的三个法源之中，[17]他们对“天理”“国法”的各自坚持等等，表现出不同的偏好。因此，无论使用其中何种史料，抑或只是随特定作者的不同，（研究者在）进行实证工作时就会产生相应的偏见，这种顾虑是当然的。但是，由于《清明集》是由多名作者书写的判语集合而成，因此从全体来看，这些个性或偏见应该可以得到一定程度上的修正。

至于在判语之中又该注意哪些焦点？以本章的问题意识来看，我关心的是各种意义上具有社会影响力的势力。只是，我们若注意所谓判语的史料性格，就不得不认为他们是脱离宋朝统治方针的当地有权势者。以这种史料的界限为前提，对于他们的身份、称呼，以及活动的形态，就可以得到相当程度的把握。接着就着眼于这些地方，进行学说史的回顾。

由于最初进行的研究是针对当地有权势者之中被称为“豪横”的势力，因此就先看一下这个部分。关注这点并研讨《清明集》

的是陈智超。[18]陈氏取出其中登场的、具有代表性的二十户“豪横”进行分析［即后揭表4-1中编号1到20的部分］。他指出以下几点结果。

首先是“豪民”与“豪横”的不同：“……宋代的豪民……他们取得财富的手段及剥削的份额，超过了当时舆论允许的范围。至于本文所要探讨的‘豪横’，与一般的豪民又有不同。他们触犯了封建国家的刑律，因此受到封建国家的惩罚。一言以蔽之，宋代的豪横是豪民中的一部分，豪民则又是田主中的一部分。”进而“豪横”具有“侵夺国课”与“擅作威福”的两种面向。前者“侵夺”的是两税、盐课与货币铸造，后者则列举所谓“私设牢狱、诈欺官司、伪造官府文书、侮辱长官”的行为。另一方面，他又指出“豪民”和“豪横”的共通点，在于两者都是地主阶级，且都以获取更多的地租作为目标。其具体活动有土地兼并、高利贷、占据水利与学田，他们以此“武断乡曲”。

陈氏的研究作为有关“豪横”“豪民”的初步整理，实乃具有莫大意义的研究。但它同时也存在问题。首先，“豪民”与“豪横”真的能做出区别吗？这是有疑问的。进一步阅读史料即可发现，要画出两者之间的界线是极为困难的问题。究竟该以何种基准区分他们？设定基准就成了问题。其次，以陈智超为首的中国研究者将他们理解为地主阶级（庶民地主），这个大前提真的是不可动摇的吗？这与最近的“富民”论之间的关系，是令人在意之处。最后，我想指出的一点是，分析对象的范围太过狭窄。陈氏举出的“豪横”史料，仅有“惩恶门”作为主体的20个例子。他们是具有代表性的豪民，这点自不待言。但即便是“惩恶门”之中也还有很多例子，至于其他分门亦也有值得注意的史料。囊括这些内容以进行通盘的研讨，这是有其必要的。

另一方面，梅原郁在前揭论文中也以《清明集》作为题材进行研究，分析了具有代表性的官户、形势和豪民。他指出“豪民”有以下四点共通之处：

（1）成为制置司、总领所等官厅的承包者，从事盐、谷物的买卖，拥有官方的关系

（2）在地方上作为揽户承包征税，或经营酒坊，擅自设立商税场等

（3）私置牢狱、狱具等，握有警察权与裁判权

（4）使用有前科的州县胥吏，作为部下的核心

进而，他将“豪民”理解为：“虽然与官户、形势户具有重叠的部分”，但“不如说是在其之下，占据一地，培植其隐形力量”。大致来说，这是可以理解的认识。只是，该文也并非全体判语的分析，而仅止于研讨其中具代表性的一部分而已。以下就依据具体的史料来进行考察。

二、南宋时代判语中所见的当地有权势者

基于前述的问题意识，此处要整体地检视目前所介绍的判语类、文集类史料，试着接近其整体图像。首先，我们要从这些史料之中拣选出相关记事，此时就必须设定选择史料的基准。亦即在诸多记事之中，最重要的是找出能够掌握他们活动实态的记事。在判语里头，当然也有只是记载所谓官户、揽户这种用语的史料，

但只要是无法捕捉其活动实态的，我们就不将之作为分析的对象。我们按此基准挑选出来的判语，即后揭表 4–1 至表 4–4 的内容。纵观全体，共有 110 道判语中出现了当地有权势者。因其中有同族重复出现的情形，故将此进行整理后，我们可以掌握《清明集》约 90 例，《黄勉斋集》11 例，《刘后村集》2 例，《文文山集》1 例，合计 100 余例的当地有权势者、豪民。以下就据此为基础进行考察。另外，以下引用时，如《清明集》的判语就以“清 No. X”、《黄勉斋集》判语就以“黄 No. X”的形式表现之。

1. 身份、称呼

首先确认于挑选记事中登场的人物。如同表中身份栏、称呼栏所汇整的内容，他们具有以下项目。

> 身份：现役官僚、胥吏、典押、都吏、宗室、寄居官、士人、形势之家、制属、乡司、隅官（隅总）、揽户、上户、茶食人、书铺户、牙侩等
>
> 称呼：豪民、豪富、豪横、豪强等当地有权势者，健讼、哗徒、奸民、顽户等违抗统治者，其他（异民族、新兴宗教）

基于这些记事，我们可以试着举出他们的特征，如下所述。

① 就身份而言，可分为国家机构的构成人员（官、吏、制属）、准构成人员（寄居官、宗室、士人、职役人）、辅助审判业务的职业（茶食人、书铺户），这部分占了绝大多数。反过来说，未包含在内的牙侩等数量很少。可知这些人员无论如何都与国家具有很深的关系。

② “形势”在《清明集》中只有 2 例，《黄勉斋集》中则

有谢知府、曾运干、陈家等 4 例，这反映了前述的史料特征，亦即黄干的问题意识。于是在这些史料中所谓“形势”的用语，是以抽象的“有势力者”，或是以寄居官的意义来使用的。后者主要是《黄勉斋集》中的用法。这也就是说，在《事类》的规定这个意义下使用的“形势”一语，即便在实际判语之中也是不常使用的。《事类》的规定，不也可说是在其颁布发表法令之际，因为基于某种必要才决定的特例吗？

③“官户”只有 1 例。以其实际数量之多、影响力之大而论，显得很不自然。可以想到的可能性有几个。由于很难想象他们实际上并未出现于诉讼案件之中，因此，有可能是即便在该案件中出现的人物是官户，但却不使用官户的用语；又或者是地方官基于某种顾虑，因而隐藏了他们的姓名，等等。但是目前没有留下判断这点的材料。

④ 根据这些例子的比对，“豪民”与“豪横”的区别并不明显。因此，陈智超的论点只能作为他个人独自的定义，无法作为一般论。

附带一提，《册府元龟》（1005 年成书）的“将帅部”有“豪横”的项目，在其序言中也有可称之为当时关于这个用语的概念的记录。由此得以推测宋代“豪横”一词的概念。只是这篇文章为了配合修辞法整齐之故，使其真意难以掌握。以下举出原文：

> 夫作福作威，凶于而国，败礼败度，戾于厥躬，皆圣训之格言，寔人臣之明戒，况乃总握兵要，肃将天威，慎固封陲，诘诛暴慢，诚当义以先众，惠以感人，用宣戒诏，克贞师律，若其不恤危难，废乱典尝，戕害生民，图报仇怨，负

固滋横，崇侈无厌，贪黩之心，逾于溪壑，凶忍之性，甚于豺狼，以至诬害良臣，轻侮王室，虽膏斧钺，污鼎镬，盖有余戮矣。（卷四五四，“将帅部”一一五）

如上（文字据明版）记述，所谓“豪横”就是拥有武力的势力，他们是比“豺狼”还要凶恶的势力。他们甚至蔑视皇帝、官僚，若放置不理则会使“生民”“良臣”“王室”受害，亦即他们是会伤及权威的势力。

若进一步看其中所举之例，“豪横”的例子可以追溯到很久以前的历史。但是构成问题的，应该还是从近期的唐代后半期以降、那些反抗中央的节度使，以及行动横暴、惹人注意的武将。我们摘记出此时期可举出的人物及对其行动的评价如下：宣武军刘玄佐的“豪侈轻财”，襄阳节度使于頔的“凌上威下”，昭义军卢从史的“狂恣不道”，邢州刺史王士则的“兵卫自严”，浮阳牙将卢彦威的抗命行动，凤翔李茂贞的“恣横擅兵”，魏博节度使杨师厚“矜功恃众，骤萌不轨之意”的行动，荆门军成汭“性本豪暴，事皆臆断”的态度，晋侍卫亲军使景延广的擅自指挥军事，灵武军张从宾的“凶傲”，邓州节度使皇甫遇“所至苛暴，以诛敛为务”的行动，彰义军张万进的“凶恣”，以及汉青州都部属李守贞的横暴举动，以上共13例。这些事例正是（前揭《册府元龟》“将帅部·豪横”）序文内容的具体表现，特别是在军事、政治方面不遵从中央、上级命令的人物的行动。

那么在南宋判语中所见的“豪横”又是什么样子？从后揭各表中可知，构成“豪横”的是包括寄居官等在内，几乎都是国家构成者或具有准身份者，他们是犯下各式各样“恶事”的势力。

他们纵然使“生民”受害，然而几乎不见以武力违逆国家的势力，也找不到任何在军事行动中反抗命令的例子。另外，几乎也没有任何站在宋朝统治外部对其进行反抗的势力。即使暂时地反抗宋朝的，也仅仅只有表 4–1 的清 No.8、55、84 和表 4–2 的黄 No.16 而已。大略言之，在豪民之中反抗宋朝统治程度很强的势力，乃至于此种行动本身，即可视为“豪横”的表现。也就是说，这与《册府元龟》中的“豪横”概念多少有所龃龉。因此，宋代“豪横”的用语，应该解释为更加广泛的、抽象的表现。以南宋来看，在国家审判的判语中构成问题的势力，其中多半正是“豪横”式的豪民。

2. **地域**

从判语中登场的地名来看，可知当地有权势者活跃的舞台是从临安到江西的路线上（浙东、江苏），以及福建、湖南的大部分地域。他们的活动并非遍布南宋的整个统治区域，而是相当集中于若干地区，对于这点，可以认为其背景潜藏着某种历史性的特征。这在前述问题提起时也曾提到过。[19] 例如，临安存在发达的物流，可以说是一个原因，而湖南周边地区的民族问题也与当地有权势者的活动有所联系。但是，仅此无法说明为何福建地域的地名如此之多。我想这与一般认为是福建出身的《清明集》编纂者的意图有所关联，[20] 又或者是受到在福建北部地区活动的朱熹的影响。这仍有待今后的研究。

3. **组织**

观察当地有权势者的组织，其核心无疑是单独的个人。但是与其联系的子孙、兄弟或者儿子的妻族等家庭、姻族，他们也发挥了相应的作用。其他方面，与别的有权势者组成二人组、三人组的情况虽然也有，但比例上只占了一成多。再者，有作为他们手下而工作的干人、仆人，也有雇用的人力。另一方面，还可举出他们所能动员的佃户、“恶少”等，即以利害关系结合的集团。总之，他们的组织特点是以家长和家庭为核心，借由其个人关系所集结而成的集团。从这种特点来说，他们并非家庭经营，而是一种“家户”经营。[21]

另一方面，这里想注意的是有力者之间彼此的竞争。试举相关记事：

> No.73：……王松龙之豪，与王元方之哗，佥厅所拟，已得其情，不待重说偈言，何况二人自是同族而相攻，亦坏风俗。[22]

如上所述，这是同族的王松龙与王元方之争。另外：

> No.74：郑天惠依凭而狡，朱元光暴富而横，天道亏盈，使两强而不相下，自斗自败。[23]

这是郑天惠与朱元光二豪民两败俱伤之事。再者，还有如王氏的骨肉之争。像这种记载豪民之间直接争斗的判语很少，不过，在同一地域内存在着多名有权势者的事实，可以确认有清No.32“违法害民”或清No.33“十虎害民”为首的数个判语。因此，我们得以推测有权势者彼此争夺势力这种现象的存在。官方借由他们的竞争，可坐收渔翁之利，达到在该地区内维持宋朝权威的作用。这种对立关系的存在，对于当地有权势者试图在特定地域内建立一元化的统治，亦即朝向所谓领主性统治发展的方向而言，恰好构成了一种抑制的因素。将此点与前述“家户”经营的特点合而观之，是我们在思考豪民势力的特点之际，必须留意之处。

4. 活动内容

当地有权势者的活动内容固然形形色色，但整理判语中所表现的特征，可归结如下：

① 与裁判密切关联者：“健讼”等。

② 与国家业务密切关联者：贿赂、请托官吏，介入征税、纲运、贩盐等。

③ 独自的地域支配：私设监狱，拷问，裁判，处罚，征收通行税等。

④ 钱与物的操作：特别是高利贷，以及与盐相关的“犯罪”。

⑤ 露骨的暴力：暴行、杀人，恐吓、胁迫，强盗，诱拐等。

⑥ 当地社会的民众动员：动员县民向地方官施压。

⑦ 其他：诈欺、赌博、伪造公文书等。

这些活动的特征在于，并非一种势力采取一种活动，而是各种势力同时出现好几种活动。进一步整理这些活动的共同特征，可以得出下四点：

① 采取胁迫、诈欺、暴力等一切手段来积累土地和财产。

② 自己成为国家机构的构成人员、准构成人员，或者

与这类人物建立关系。

③ 利用公、私审判或诉讼。此点与宋代以降“诉讼社会”的登场有关，于次项再做详细研讨。

④ 操作钱、物或与之相关的活动。其特征是在高利贷、盐政相关业务之外，还有利用纲运、铸造伪币、设置税场等情节。

如此一来，我们厘清了当地有权势者的整体面貌。接着就针对他们的活动的历史性特征，进行更详细的分析。

三、“豪民”特征的活动

在前揭当地有权势者中，于许多判语中登场的是可以总称为“豪民”的势力（豪民、豪富、豪横、豪强、哗徒、奸民、顽户等）。这里尝试分析他们的活动。对此目前所能研讨的是③裁判与诉讼的利用，以及④钱和物的操作。有关②国家机构及其关联，尽管也是令人颇感兴趣的问题，但讨论这个问题，尚需相应的准备工作，例如对更广泛的史料进行分析等等，故只能留待其他机会。本稿只限定于研讨③④两个要素。他们以暴力为背景，以司法的领域和经济的领域这两项要素作为两大支柱，进行其活动。接着做更详细的检视。

1. 司法性领域——私人性审判

首先是③的审判、诉讼活动。关于豪民私人性的审判，如同清 No.21 所记的一般，在湖南“豪富之家率多不法，私置牢狱，擅用威刑，习以成风”，[24] 豪民私自设置牢狱和私刑，亦即私人性的审判十分普遍。这样的事例不仅是在湖南，在其他地域也可看到很多。以下举出他们在各地活动的样子，试着看一下各自的记述内容：

清 No.8：……忽于本路（江西）在任官员脚色籍中见有凶雏扶如雷者，依然正统部内巡检职事。……节节据人户有状论其不法，或讼其受人户白词，……。[25]

清 No.48：……方震霆豪横自若，……承干酒坊，（对于密造、密卖）俨如官司，接受白状，私置牢房，杖直枷锁，色色而有，坐厅书判，捉人吊打。[26]

清 No.54：……（张）景荣乃敢以揽户而行官称，辄行书判，以筒锁讯决而加于乡人，其被害者非一。[27]

清 No.60：王东家于溪洞之旁，既为揽户，又充隅总。……自其充隅总也，则两都之狱讼遂专决于私家矣。[28]

清 No.61：……两孙（？）官千三，……私置牢狱，造惨酷狱具，如蒺藜、槌棒、狱杖、铜锤索、手足锁之类，色色有之，……最惨酷者，取细砂炒令红赤，灌入平民何大二、……廖六乙耳内，使之立见聋聩。[29]

清 No.8 是在江西，清 No.48 在信州，清 No.61 在福建、南剑州（清 No.54 不明，清 No.60 或许在湖南）。据此，私人性审判不是仅限于湖南，而是具有普遍性的豪民活动形态。其中，清 No.61 “……是以三十年间，民知有官氏之强，而不知有官府，乡民有争，不敢闻公，必听命其家”，[30] 此点引人注目。此处如“不敢闻公，必听命其家”所示，记载豪民无理地强制执行审判的情形。但是，这当然也有判语表现上的问题，亦即这是站在官方立场的单方面记述。若暂时将官方主张置于一旁，客观地检视这个事案，则首先可以确定的是在该地域中发生了民间的争执。这无疑正是“诉讼社会”之一例。如按此思之，则只不过是民间的纷争究竟是由官方裁决，还是由民间裁决的差异而已。也就是说，我们可以窥见这条判语的背景，其实是以该地域民间纷争的频繁发生为前提，而由豪民来代行审判、调停的情形。尽管偶尔也有豪民为了自肥而强制执行的审判，但就诉讼解决的意义来说，也可以认为它发挥了一定的公共性职能。若转换视角，则豪民正是将审判行为当作自己在基层社会中的任务，这也暗示了他们在一定程度上得到民间支持的理由。唐宋变革以降，所谓“诉讼社会”的显著化，[31]就是社会变得更加需要审判担当者或调停者的存在。豪民正是企图去代行所谓审判、调停这类的公共职能。换句话说，对于民间的纷争，究竟是由宋朝政府作为裁决者，还是由豪民发挥其功能？在两者之间存在着主导权之争，而且可以认为豪民也有获胜的时候。

尽管我们判断这种私人性质的审判是以农村地区为主，不过其实都市地区的豪民也有同样性质的活动。在此种场合中，他们并非亲自主持审判，而是采取暗中操纵宋朝政府审判的形式。所谓设“局”以执审判牛耳的活动，即为象征性地表现其本质的例子。我们试举判语的例子：

清 No.25：赵若陋者，专置哗局，把持饶州一州公事。[32]

清 No.36：惟程伟一名，……改职为都辖，以避典押之名，则又三人中之最黠者也。……创起月敷局，监纳无名钱，白纳三千石，……。[33]

清 No.49：饶、信两州，顽讼最繁，奸豪最甚。……如鄱阳之骆省乙者，……而又健于公讼，巧于鬻狱……方且分遣爪牙，多赍银器，置局州城，赂公吏。[34]

清 No.66：成百四，特闾巷小夫耳。始充茶食人，接受词讼，乃敢兜揽教唆，出入官府，与吏为市，专一打话公事，过度赃贿。小民未有讼意，则诱之使讼；则胁使行赇。置局招引，威成势立，七邑之民，靡然趋之。[35]

在清 No.25 中，宗室置“局”以执一州审判、行政之牛耳。在清 No.36 中，胥吏创设“月敷局”以敛财。在清 No.49 中，豪民于州置“局”以左右审判的结果。另外，清 No.66 中的茶食人置“局”，以各式各样的手段介入审判并活动于州。

这里所谓“局”的设置，如宋代史料经常所见的一般，是政府为处理事务而临时设置的部署。这种情况下的“局”，系办公桌乃至部署、办公室的意思。豪民与政府一样，在都市中设有自己私人的派出机关，即“局”，并以此为据点，对州、县官吏进行暗中的工作。这种当地有权势者的行动，自然是以诉讼、审判的请托为主体。唯有清 No.36 并未直接言及有关裁判之事。但是，由于程伟是一名胥吏，因此不难推测他的“恶事”也会涉及审判。而“局”就构成了这种场合的据点。

从这里来看，当地有权势者分别与农村、都市活动的共通之处就浮上了台面。亦即，他们在农村地区进行直接的审判与调停，至于在宋朝统治力强的都市地区，则借由操纵其权威来左右裁判。换言之，这可以看成是都市的有权势者们间接执行了私人性的审判。如此，对应农村、都市各自状况而采取的诉讼处理或审判间接操作，正是当地有权势者们肩负的重要公共职能。他们以这种活动为核心，实现了对一定地域的统治。这也可以视为支配人们意志的活动，并且在农村地区具有更大的影响力。都市地区由于有不特定的人群出入其中，因此难以发挥其如同在农村地区的影响力。但是，对于居住在都市的人们而言，理当还是具有相应的影响力。这里展示了一种借由审判、私刑等司法途径来统治基层社会的方式。豪民在代为解决频繁的诉讼时，同时也借机中饱私囊。当然，仅以司法领域的活动来对基层社会发挥影响力的，尚有健讼之徒等类型的人,但大多数仍属会确保其经济基础的豪民。这可以从判语的记载中得知，接着就分析这点。

2. 经济性领域——物流之介入

在此我们要看的是涉及钱、物操作的活动。有关高利贷活动，在迄今有关大土地所有和地主制的研究中已屡屡提及，故此处不再列举。值得注意的是关于物流的活动。首先是与盐政相关的活动，关于这个问题至今已经累积了庞大的研究成果，这里也没有必要赘述。只要确认一下判语记载的内容即已足够。

> 清 No.3：所有部内有一等豪猾，将钱生放，多作盐钱名色扰民，合与禁约。[36]
>
> 清 No.47：徐安奸黠小吏，……徐安进说，谓当俵卖诸吏，责限纳钱，其意以为请出官盐，可盗妄费，借此为由，钳制徒党。……徐安抗拒官司，辄号召秤子等人，不得包裹零盐，欲为沮抑卖盐之计，秤子畏其凶焰，辄皆听命，遂使官司失信买盐之人……。[37]

清 No.57：王元吉，亦奸民之尤也，……旁缘制司名色，增长私贩盐价，锁缚抑勒铺户，取偿者，则又执私约以欺骗，……。[38]

清 No.58：谭一夔，豪民之倾险者，……或高抬制司盐价，诱人赎买，逼迫捉缚，准折其田宅，……。[39]

清 No.61：而其家造两盐库，专一停塌私盐，搬贩货卖，坐夺国课，……又私置税场，拦截纸、铁、石灰等货，收钱各有定例，赃以万计。[40]

清 No.3 是豪民从事的有关盐钱征收方面的不法行为。在清 No.47 中，触及了身为胥吏的豪民担当盐政业务的实态。他们具有能独断地执行业务的力量，因此得以借由官盐获取利益。清 No.57 揭示了豪民结交胥吏以骗取官盐，又抬高私盐价格并贩卖的事实。进而，在清 No.58 中抬高官盐价格，并介入征收款项以自肥。至于清 No.61 的豪民则拥有两座仓库，进行大规模的私盐贩卖。此种利用官盐、私盐的流通，遂构成当地有权势者们的重要收入来源。历史上与盐相关的事件不胜枚举，自不待言。豪民们的活动即可说是处在这类事例的延长线上。

换个角度来看，在唐代后半期以降的物流问题中，值得注意之处正是这群新兴的当地有权势者们的活动，他们利用以盐为主的物流，扩大了自身的势力。他们竭尽所能地利用任何可资利用的物资，以培养其经济实力。这种活动的实态就表现于判语之中。以下试着列举出他们介入盐以外的物流的情形。

首先是宋朝政府组织的物流，即有关纲运的部分：

清 No.35：照得，杨宜、彭信为恶最甚，民怨滋多。……近者弋阳管下南渡港，自有陈府恰造大船，通济往来，忽被杨宜、彭信以纲运名色，占载行李。五月十七日，大水泛涨，渡子只以小船撑渡，致死者三十余人。本县百端遮掩，必不令本司知之。[41]

由此可窥见负责纲运实际业务的胥吏之实态。由于他们牢牢掌控县的业务，于是知县也只能“隐蔽”他们的横暴。判语描绘出这种实际业务的结构。又：

黄 No.3：……然后知曾适者真豪横健讼之人也。方曾儒林侵盗官纲之时，朝旨行下，抄估家产，急如星火。[42]

这里叙述了寄居官曾适犯下盗取纲运物资的恶事。对于当地有权势者来说，宋朝主宰的纲运成为他们营利的场所之一。

接着，伴随物流而来的是货币的伪造，关于制造伪币有如下的案例：

清 No.57：检法书拟。……又况遣子商贩，往来江右。动以官钱易砂毛私铸，搬入摄夹杂行用，以求厚利，遂使私钱流入湖湘贩者众。[43]

清 No.57：断罪。……铜于法禁最重。公然剪凿私铸，搬贩砂毛，莫敢谁何。遂使江西三角破钱，尽入湖南一路界内。[44]

如上所述，豪民在自己的商业活动中铸造伪币，并于其贩卖路线中使用品质低劣的钱，使恶钱从江西散布到湖南地区。此处乃无视宋朝的铸钱业务，铸造伪币用以自肥。他们恐怕是取得了浙东路周边开采的矿产物，借此来铸造伪币。他们的经济力之强大，简直到了完全无视国家权威的程度。

此外，有关豪民设置税场以征收金钱的现实，已如前揭清No.61的例子所述。他们于顺昌县对纸、铁、石灰的流通加以课税，且针对不同项目征收钱额。我们接着想针对这些物资再做更进一步的讨论。

有关纸的部分，建阳县麻沙镇有所谓麻沙本的出版活动相当著名，顺昌县与该地域很近，可以推想其中有所关联。恐怕以福州为首，各地区出产的纸悉皆运往麻沙镇，官氏一族正是在其输送路线途中进行拦截及课税。

有关铁的部分，我想是对应于当时铜的需要而进行铁的流通。根据王菱菱等人的研究，铁与铜的生产具有以下的关系。[45] 在福建路和浙东路的边境地区，特别是铅山县周边，自古以来就是矿产物的主要产地，这里会涌出胆水（硫酸铜溶液）。借此胆水以浸铜法采集铜的过程中，铁是必要之物。关于浸铜法的详细内容予以省略，在此仅举出相关史料一例如下：

> 浸铜之法，先取生铁，打成薄片，目为锅铁，入胆水槽，排次如鱼鳞，浸渍数日，铁片为胆水所薄，上生赤煤，取出刮洗钱煤，入炉烹练，凡三练方成铜……。[46]

这种采集铜的方法，自北宋哲宗时期以降即十分盛行，因此到了南宋时期，应该仍有大量的铁通过顺昌县以输送至铅山县。掌握这点正是官氏的目标。

石灰的用途很多。作为建筑材料的涂料自不待言。在与前述麻沙本的关系方面，当人们将竹纸这种粗纤维的材料制成纸张之际，石灰即是必要品。[47]它也可用于铁的精炼，或又如在两浙地区，对于把浊酒酿造为清酒的酿酒业而言，它也是必要的物资。[48]

如上所见，官氏一族设置税场课税的对象，都是当时重要的流通物资。无论何者，皆可见到在该地区周边存在着相当规模的流通。豪民正是着眼于这种极富历史特点的物资的流通。与这种物流有关的“恶事”，正是豪民活动的特征之一。

如本项所见，豪民在经济领域中具有特征性的活动之一，就是以当时物流的发展作为基础。他们积累土地以进行地主经营，同时还经营高利贷，并展开有关物流的事业。这些收益就构成了豪民的经济性基础。

结语

以上看到的当地有权势者与豪民，是以自己的经济基础为本，对基层社会行使司法领域方面的影响力。最后，重新整理有关他们的历史特征，并从中展开如下的思考：

（1）在南宋判语中几乎没有对宋朝展开全面反抗的有权势者，他们大体上都采取与宋朝权力、权威相结合的态度。也就是说，他们的目标是创造出和国家“相互依存的构造”，并利用其权威。因此，一旦他们的活动越过统治规范的界线时，就会受到处罚，只是，这条界线基准仰赖负责官员自由判断的空间很大，并不明确。[49]

（2）判语记述中的引人注目之处在于暴力性收夺，亦即“实力世界”的存在。高桥芳郎也已注意到这点。[50]何以这种暴力会如此横行？目前虽然还无法充分地说明，但是，当地有权势者的活动是以财力加上暴力两者密切联系的事实，这是可以确认的。

（3）他们一方面寄生于国家，一方面具有统治地域的意向，此点毋庸多论。农村中的私人审判就是这种意向表面化的产物。但是，这在许多场合也不得不遭到挫折。理由固然很多，但其中可举出的一点是，正是由于他们的组织是以“家户”经营，因此很难形成血缘关系以外的人脉。与此互为表里关系的，就是他们与其他有权势者之间存在着无止境的竞争。于是在特定的基层社会中，有权势者的地位不可谓安定。进而，还可举出如《清明集》中登场的那种真正耿直的地方官的活跃。他们将教化“愚民”引为己任，从而是忠实于职务的官僚。当然，地方官也并非全部都是同样遵循理念的行动者，在《清明集》“官吏门”等判语中，也可窥见许多堕落的地方官。但即便如此，耿直的地方官无疑还是具有很大的影响力，他们无法对那些做“恶事”的有权势者与豪民置之不理。尽管如同判语中随处可见的“从轻”一般，也有减轻处分的时候，但应该也有给予有力者们相应打击的时候。于是有权势者们持续性的地域统治也势必要受到挫折。

（4）一旦观察上述这些有力者、豪民的本质，也就能看出宋代社会的日常性特征了。他们对于官方事务的执行以及对日常性的治安维持而言是有用的（“必要之恶”）。另一方面，由于豪民对民众来说是负担相应公共职能的存在，因此可以想象他们会得到一定程度的支持。换句话说，宋代的“二者间关系”社会（“法共同体”不存在的社会），[51] 正是由有力者、豪民来代为执行“共同体”的任务。这是为了维持基层社会的再生产所不可或缺的活动。梁庚尧所谓的“长者”型有权势者，就很明确地反映在这个面向上。[52]

全盘地审视这种情形，则南宋社会中大大小小的有权势者即是透过各式各样的利害关系，来与小农民或都市居民结成个别性的关系。当地有权势者与民众的关系不限于诉讼问题。在地主经营方面，所谓劳动力雇佣这种经济性关系也构成了其中的一部分。在社会的再生产方面，正是通过各式各样的联结而具有影响力的有权势者和豪民，在割据着当地社会。

（5）再次加以确认，有权势者们主要的经济基础是土地经营，亦即地主，而且其中大部分正如梅原郁所言，应该是城居地主。在此基础上，他们介入流通相关事业，从而运用了包含“恶事”在内的各种“资本”。若以此种认识为基础，则我在前面提到的所谓“阿米巴型复合经营体”的规定，[53] 以及他们在基层社会中的应有状态，应该也能再次获得读者的谅解。

（6）最后必须确认的是判语史料的界限。正如同前章为止的研讨所理解的一般，判语完全是从地方官的立场所做出的判断，因此其适用基准也会随着地方官各自思考方式的不同而有所差异。再者，没有审判的案件或是不被认定为违法的事实，毋庸赘言，它们是不会被记录下来的。也就是说，梁庚尧所说的“长者”型豪民既不会出现在判语之中，他们日常的公共职务也几乎不会被记录下来。这些是必须辅以其他史料，留待今后再做研讨的课题。[54]

再者，判语是从身为统治者的地方官视角所做出的单方面的断罪。争夺财产或立继之争这类调停性的审判暂且不论，至于在涉及刑事的案例中，几乎没有留下任何从犯罪者角度出发的主张。这些被断罪的豪民们，他们的主张及其行动的原动力，即使发现了《清明集》，仍有许多难以掌握的侧面。今后也有必要参考其他史料，持续进行更深入的分析。

附表

表 4–1 《清明集》登场的当地有权势者

No.	卷	判语题名	作者	有力者姓名	身份、称呼等	地域	组织	活动
1	一	惩戒子侄生事扰人	—	黄百七	裁判官从侄之仆	湘阴县	—	“嚣讼”“挟持”、妄兴诉讼
2		不许县官寨官擅自押人下寨	吴雨岩	韩逢泰、韩顺孙	豪家	玉山县柳都寨	引知县·寨官为己方（或纳入掌握中）	寨：豪家之土牢；县：豪家之杖直
3		禁戢摊盐监租差专人之扰	—	—	豪猾	饶州	—	以盐钱之名目借钱
4		禁戢部民举扬知县德政	沧洲	范文、吴钘	寄官员、士人、上户	—	—	“举扬”知县
5	二	县尉受词	马裕斋	黄松（孙亚七、杜万二等）	“牙侩不良子弟”	严州	县尉默认	开设柜坊、“停着赌博”

续表

No.	卷	判语题名	作者	有力者姓名	身份、称呼等	地域	组织	活动
6		冒立官户以他人之祖为祖	—	李克义	“名家之后”、官户	—	—	砍伐祖墓松柏、“聚凶徒鼓噪街市”
7	二	贪酷	蔡久轩	黄权簿	—	—	—	“霸一县之权”、要求贿赂
8		巡检因究实取乞	宋自牧	扶友嵩、如雷	巡检	衡州攸县	父子、僧、恶少	胁取会子、取乞、不当取得官位、受理“白词”等
9	三	顽户抵负税赋	胡石璧	赵桂等	上户、奸民、顽户	—	拥有的“奴仆”	未纳国税、数年不纳
10	四	妄诉田业	胡石璧	刘纬	奸猾者	—	—	健讼、兴起田地诉讼

续表

No.	卷	判语题名	作者	有力者姓名	身份、称呼等	地域	组织	活动
11	四	干涉不明合行拘毁	刘后村	（17）潜彝父子	士人、“纳粟”“小使臣”“监酒户”	贵溪县	父子、干人	“武断豪霸”、骗取田产
12		已卖之田不应舍入县学	翁浩堂	孔主簿、吴八	形势	—	投托吴八、干人	吴八违法占种田土
13	五	争山妄指界至	刘后村	（18）俞行父、定固兄弟；祖主簿	寄居官（祖主簿）、豪富（俞兄弟）	建阳县	兄弟·表亲、干人、保司、结托寄居官·豪民	“武断乡曲”、争山
14	六	不肯还赁退屋	叶岩峰	黄清道	顽民、十王	—	联合狱吏	不还赁钱、对僮仆施以暴行
15	八	侵用已检校财产论如擅支朝廷封椿物法	胡石壁	曾仕珍父子	好讼、险健	邵阳县	父子	对府、转运、提刑、安抚司越诉，“犯义犯刑”

续表

No.	卷	判语题名	作者	有力者姓名	身份、称呼等	地域	组织	活动
16	九	母在与兄弟有分	刘后村	丘汝砺	豪民	—	联合危文谟	土地违法交易
17		典买田业合照当来交易或见钱或钱会中半收赎	胡石璧	李边	健讼、“老奸巨猾”“好行凶德之人”	—	—	土地违法交易、强请典主等
18		典主迁延入务	胡石璧	赵端	豪民、富者	—	—	不法取得土地
19		盗葬	—	古六十	健讼人	—	—	协助土地诉讼原告
20		争墓木致死	蔡久轩	(19)胡小七	买官人、豪强	—	悍仆群佃百余人、干甲、联合提干	砍伐墓山之木
21		背主赖库本钱	—	区元鼎	“豪富之家”	湖湘	奴仆	不法行为、“私置牢狱、擅用威刑”

续表

No.	卷	判语题名	作者	有力者姓名	身份、称呼等	地域	组织	活动
22	九	女家已回定帖而翻悔	刘后村	—	形势	—	—	介入裁判
23	十	母子兄弟之讼当平心处断	吴雨岩	—	哗徒	—	—	介入兄弟间诉讼
24		恃富凌族长	蔡久轩	范宽	富豪、士人	—	—	独占水利
25	十一	宗室作过押送外司拘管爪牙并从编配	吴雨岩	赵若陋	宗室	饶州	“恶少”、联合胥吏	设置哗局、介入裁判、于赌场施暴等
26		假宗室冒官爵	佥厅	赵假熹	伪宗室	处州、金华县	一共六名	伪造公文书、官印、诈称官职、介入裁判、强夺伤人等
27		引试	蔡久轩	胡大发	豪横、隅官、士人	信州	士友叹愿、人力	胁取财物

续表

No.	卷	判语题名	作者	有力者姓名	身份、称呼等	地域	组织	活动
28	十一	士人充揽户	蔡久轩	操舜卿	揽户、士人	—	结托犯罪者	不上纳官物、对县官无礼
29		士人以诡嘱受财	吴雨岩	余子能	士人、哗徒	—	—	“诡嘱受财”（巧辩）
30		僧为宗室诬赖	蔡久轩	赵时霨	宗室	—	小婢	诬赖骗挟借借以胁迫
31		罪恶贯盈	蔡久轩	黄德	州吏	饶州鄱阳县	—	恐吓诉讼、不当秤提、强夺人妻、娼妓、破坏店和市场等
32		违法害民	蔡久轩	孙迥、万八兄弟，余信	胥吏、“立地知县”、“八王”	信州弋阳县	兄弟、配吏、乡司、弓手、保正、一共计六名	暴行、恐吓、诈取等

续表

No.	卷	判语题名	作者	有力者姓名	身份、称呼等	地域	组织	活动
33	十一	十虎害民	蔡久轩	周鳞、陈明、徐涛等十名	胥吏	信州铅山县	联合势家干人	强夺资产、横领他人行李
34		籍配	蔡久轩	王晋	猾吏、副吏、“小提刑”	江东路	联合提刑	收贿、不当取得金·银·绢·土地·宅邸等
35		慢令	蔡久轩	杨宜、彭信	县吏	信州弋阳县	引知县为己方（或纳入掌握中）	执纲运牛耳、死者三十人
36		铅山赃吏	蔡久轩	徐浩、张谨、周厚、程伟	配吏、典押、“烧热大王”	信州铅山县	—	设置“月敷局”、乞取、取受、霸役、贿赂等
37		受赃	蔡久轩	郑臻、金彬、吴恭	配吏	—	买收寄居官之干人	恐吓

续表

No.	卷	判语题名	作者	有力者姓名	身份、称呼等	地域	组织	活动
38	十一	二十状论诉	—	詹春、张庆	乡司	信州铅山县	—	收夺、反复胁迫
39		假作批朱	—	杨璋、赵澄、胡寿	书铺户	—	—	伪造批朱
40		乡司卖弄产税	—	邵远、郑兴、郑富、徐侁	乡司、罪犯吏	贵溪县	—	违法强取产税钱
41		恣乡胥之奸	吴雨岩	周森	乡胥	—	—	户籍不正
42		应经徒配及罢役人合尽行逐去	胡石璧	—	"经徒配及罢役人"	邵州	—	乱用法律、教唆诉讼等
43		去把握县权之吏	吴雨岩	周佾、周仁、周森	奸吏、配吏、乡司	信州玉山县	—	受领贿赂、占有官妓、耕地
44		都吏辅助贪守罪恶滔天	宋自牧	郑俊、胡杰	都吏	—	联合知军	不法行为、取乞

续表

No.	卷	判语题名	作者	有力者姓名	身份、称呼等	地域	组织	活动
45	十一	都吏潘宗道违法交易五罪	刘后村	潘宗道	都吏	饶州	凭恃势家	违法买强买田产
46		南康军前都吏樊铨冒受朝廷爵命等事	刘后村	樊铨	前都吏、“税院”、巨蠹	南康军	凭恃豪富	横领官钱、冒称进士、伪造公文书等
47		黠吏为公私之蠹者合行徒配以警其余	—	徐安	奸黠小吏、押录	建阳县	结托徒配	教唆诉讼、坐欠借款、屠杀耕牛、妨碍盐政
48	十二	豪横	蔡久轩	（1）方震霆（阎啰、百六官）	豪横、豪强、名士子孙	信州弋阳县	“罢吏凶恶”	“私置牢房”、胁取财物、诈取田畑、杀人、暴行等

续表

No.	卷	判语题名	作者	有力者姓名	身份、称呼等	地域	组织	活动
49	十二	为恶贯盈	蔡久轩	（2）骆省乙	豪民、修武郎之孙	饶州鄱阳县	父子、凶徒	胁取财物·田土、教唆诉讼、强请、赠贿等、置局
50		豪强	蔡久轩	（3）李镗、（4）李麟	豪强	—	—	“横行”、引发诉讼纷纭·连篇累牍
51		豪横	蔡久轩	（5）齐振叔（千四）、万四	“家富而横”	—	父子？	暴行、遗弃尸体
52		押人下郡	蔡久轩	（6）胡一鸣	多赀	饶州鄱阳县	—	“力可移山”
53		豪民越经台部控扼监司	吴雨岩	（7）留又一	豪民	饶州	役使胥吏	伪造契约书、教唆

续表

No.	卷	判语题名	作者	有力者姓名	身份、称呼等	地域	组织	活动
54	十二	诈官作威追人于死	吴雨岩	（8）张景荣、张景贤兄弟	揽户	—	兄弟	伪造判决书、拷问、检死不正、诈称官名
55		治豪横惩吏奸自是两事	吴雨岩	（9）骆一飞父子	豪横	—	父、长男、次男	强夺财物、宣传妖教、暴行
56		与贪令捃摭乡里私事用配军为爪牙丰殖归己	宋自牧其他	（10）陈瑛	豪强	湖南	结托县官、贿赂狱吏、以配隶为手下	骗取钱、土地等
57		结托州县蓄养罢吏配军夺人	宋自牧	（11）杨子高、（12）王元吉	豪民、奸民、制属	湖湘	结托州县官吏、以罢吏配军为手下、与陈氏相争、联合王元吉	杀人、强夺土地、诈称官名、私盐、制造伪币、诉讼胥吏

续表

No.	卷	判语题名	作者	有力者姓名	身份、称呼等	地域	组织	活动
58	十二	举人豪横虐民取财	宋自牧其他	（13）谭一夔、谭三俊、陈节等	举人、豪民、制属、“三（十）将军”	湖南	干仆和人力、以无赖为手下、县吏三人组	介入诉讼以强取土地、私盐、高利贷
59		何贵无礼邑令事	马裕斋	何贵、（14）金四三	豪右、一武夫	分阳（？）	狠仆	侮辱县令、捕捉胥吏
60		不纳租赋擅作威福停藏逋逃胁持官司	胡石璧	（15）王东	揽户、隅总	湖南（？）	—	未纳租税、私家专决狱讼、隐匿杀人犯
61		母子不法同恶相济	刘寺丞	（16）官八七嫂母子	次男为县尉	南剑州顺昌县	母子三人、以“恶少”为手下	“私置牢狱”、私盐、税场、夺取田宅、诱拐、以祈愿、修桥为口实强夺财物等

续表

No.	卷	判语题名	作者	有力者姓名	身份、称呼等	地域	组织	活动
62	十二	讼师官鬼	蔡久轩	项元明	讼师官鬼、士人	—	—	借钱给胥吏、弓兵(以把持公事)
63		专事把持欺公冒法	翁浩堂	郑应龙	把持人、朝奉郎	西安县	买收承人	操作裁判、纵放犯人
64		把持公事赶打吏人	翁浩堂	刘必先兄弟	士类	—	兄弟、三人组	殴打公吏、强取地租
65		先治依凭声势人以为把持县道者之警	胡石璧	赵添监	“假儒衣冠”	邵州新化县	仰赖僧三人	把持诉讼
66		教唆与吏为市	蔡久轩	成百四	茶食人、朝奉郎、哗徒	—	凶徒	请托、赠贿、教唆诉讼、置局
67		士人教唆词讼把持县官	胡石璧	刘涛	士人、学校奉职	邵州新化县	手下多数	教唆诉讼、执县官牛耳、请托
68		先治教唆之人	胡石璧	鲜再举	—	—	—	教唆诉讼

续表

No.	卷	判语题名	作者	有力者姓名	身份、称呼等	地域	组织	活动
69	十二	惩教讼	方秋崖	易百四郎	书铺户	袁州	—	教唆诉讼
70	十三	哗鬼讼师	蔡久轩	金千二、钟炎	势家干仆之子、州吏之子、举人、“哗徒之师”	婺州	二人组、与吏交结、士友叹愿	介入诉讼、贿赂、请托、恐吓、教唆、强取奁田
71		撰造公事	蔡久轩	张梦高	哗徒渠魁、吏人之子	婺州武义县	无赖	教唆诉讼、诈欺、赠贿、请托、使人无辜破家
72		哗徒反复变诈纵横捭阖	马裕斋	娄元英	无赖子弟、哗徒、势家、豪右	浙右	兄弟	教唆诉讼、榨取土地财产
73		豪与哗均为民害	蔡久轩	王松龙、王元方	豪民、哗徒	—	—	为民之害、与（同族）豪民相争

续表

No.	卷	判语题名	作者	有力者姓名	身份、称呼等	地域	组织	活动
74	十三	资给告讦	吴雨岩	郑天惠、朱元光	“依凭而狡”“暴富而横”	—	—	夺取土地、出资使人诬告、与豪民同类相争
75		资给诬告人以杀人之罪	—	王祥父子	富民	婺州	父子	出资兴讼诬告
76		资给人诬告	—	（20）蒋元广	豪民	婺州东阳县	“恶少”三十名、结托胥吏	出资兴讼诬告
77		教令诬诉致死公事	—	江谦亨	—	—	—	“家饶于财、武断乡曲”、教唆诬告
78		钉脚	婺州	方明子	“嚣讼之人”	婺州	—	妄诉冤罪
79		峒民负险拒追	胡石壁	樊如彬	峒民	—	省民手下	冒渎官司、占据没官田

续表

No.	卷	判语题名	作者	有力者姓名	身份、称呼等	地域	组织	活动
80	十三	以累经结断明白六事诬罔脱判昏赖田业	刑提干	黄清仲父子	豪猾健讼、凶徒	—	父子三代、手下	胁取土地、诬罔判决
81		假为弟命继为词欲诬赖其堂弟财物	主簿拟	王方·用之父子	“哗徒之渠魁、宦族之后”	鄂州崇阳县	父子	宗族内的捏造诉讼
82		王方再经提刑司钉锢押下县	天水	同上	同上	同上	同上	同上
83		骗乞	—	王文甫	奸民、豪民、势家族党	—	结托巡检、胥吏	捏造诉讼
84	十四	元恶	—	卜元一	“行凶偶赦恩不偿命之囚”	—	亡命等手下多数	杀人、隐蔽盗贼和亡命、制造武器、强盗、反抗巡检和知县等

续表

No.	卷	判语题名	作者	有力者姓名	身份、称呼等	地域	组织	活动
85	十四	捕放生池鱼倒祝圣亭	蔡久轩	赵时淯 / 叶森	宗子 / 顽狡民户	—	二人组、凶徒四名、僧	收贿、劫取放生池鱼、拽倒放生亭
86		把持公事欺骗良民过恶山	宋自牧	唐黑八、蒋黑念二	“两虎分霸”	衡州衡阳县	—	把持诉讼
87		检法书拟、断	宋自牧 其他	唐梓	“小人中之狼虎”	同上	州县公吏＝亲故、与蛮连手	赌博诈欺、结托胥吏、受理诉状
88		因赌博自缢	潘司理、蔡久轩	余济	贩盐恶少、买官、一州巨蠹	—	包含士人・胥吏一共九名	借由赌博强收借款
89		莲堂传习妖教	蔡久轩	张大用	—	饶州？	与官府・军组织相同	散播妖教
91		痛治传习事魔等人	吴雨岩	祝千五	道主	饶州、信州	一共五名	散播妖教吃菜事魔

附注：加下划线的（1）到（20）即陈智超所举出的“二十户豪横”

“作者”栏“其他”表示除原作者之判语外，另有检法书拟。

表 4–2 黄勉斋判语之有权势者

No.	卷	判语题名	有力者姓名	身份、称呼等	地域	组织	活动
1	三十八	危教授论熊祥停盗	熊祥	豪横	临川县	兄弟、甥	“停盗”？
2			危教授	寄居官、官人		使用弓手	诬告
3		曾知府论黄国材停盗	曾知府父子	寄居官、豪横	乐安县	干人、阿曾（买收）	“停盗”与诬告亲戚
4		曾适张潜争地	曾适	豪横健讼之人	金溪县	干人（周成・陈先・朱端・熊富）	捏造土地所有以诉讼、盗取纲运品目
5	三十九	窑户杨三十四等论谢知府强买砖瓦	谢知府	寄居之家、形势之家、豪强	新淦县	干人(邹彦·王明)、使用弓手・保正	骗取砖瓦
6		彭念七论谢知府宅追扰	谢知府	形势之家、寄居官、形势	同上	干人(郭胜·睦晟)、甲头	借甲头逃亡而诉讼
7		邹宗逸诉谢八官人违法刑害	谢八官人	大家	同上	干人（邹宗逸）、使用弓手	接续 No.4
8		徐少十论谢知府宅九官人及人力胡先强奸	谢九官人	形势	同上	人力（胡先）	强奸?

续表

No.	卷	判语题名	有力者姓名	身份、称呼等	地域	组织	活动
9	三十九	宋有论谢知府宅侵占坟地	谢知府	形势、豪强	同上	干人	占据园地
10		王显论谢知府占庙地	谢知府	形势	同上	干人	占据庙地
11		张凯夫诉谢知府宅贪并田产	谢知府、谢八官人	豪横	同上	干人	夺取田产
12		徐莘首赌及邑民列状论徐莘	徐莘	奸豪、寄居、士人	—	寄居官	赌博、为民之害
13		郝神保论曾运干赎田	曾运干	形势之家、形势	—	干人（宋六一）	白夺田产
14	四十	陈安节论陈安国盗卖田地事	曾金紫等	形势之家、富家	—	—	违法典买田产
15			邹司户	富豪、健讼	—	—	同上
16		陈希点帅文先争田	陈子国、希点父子	形势、士人	—	干仆、人力	诬告官会、夺取田产
17		聂士元论陈希点占学租	同	积代豪强、豪强	—	干人	夺取学田租

续表

No.	卷	判语题名	有力者姓名	身份、称呼等	地域	组织	活动
18	四十	龚仪久追不出	龚仪	豪民、豪户、士人	—	—	侵占墓地，夺取牛、山、家屋，不纳税
19		谢文学诉嫂黎立继	谢文学	豪横、健讼	赣州宁都县	干人（谢卓）	诉不当立继

表 4–3　刘后村判语之有权势者

No.	卷	判语题名	有力者姓名	身份、称呼等	地域	组织	活动
1	一九二	户案呈委官检踏旱伤事	—	豪富人、富强有力之家、豪强	—	—	结托官吏、减免赋税
2		饶州州院申徐云二自刎身死事	王叔安	豪家、豪强	乐平县	干人（朱荣）、县吏、寨卒	捏造诉讼、夺取田产

表 4–4　文文山判语之有权势者

No.	卷	判语题名	有力者姓名	身份、称呼等	地域	组织	活动
1	十二	门示茶陵周上舍为诉刘权县事判	周监税父子	豪强	衡州茶陵县	—	执县政牛耳

注释

1　有关中间阶层，请参阅拙稿《中間層論と人間関係論への一視点》（载于《東アジア専制国家と社会・経済》，青木书店，1993）。最近，则是以唐末到五代的地主、流通业者等作为焦点，研究此种复合性经营体的活动。以下两篇拙稿特别关注并且尝试考察了他们与国家的关系：《唐五代的“影庇”问题及其周边》（〈唐・五代の“影庇”問題とその周辺〉），载于《唐宋变革研究通讯》第二辑，2011；《关于唐代的“本钱”运用》（〈唐代の“本錢”運用について〉，载于《上智史学》56号，2011）。

2　请参考拙稿《中国社会史研究与〈清明集〉》（《中国社会史研究と〈清明集〉》），收录于本书第一部补论。

3　周藤吉之：《宋代官僚制与大土地所有制》（〈宋代官僚制と大土地所有〉），《社会构成史体系》八，日本评论社，1950。

4　柳田节子：《宋代形势户的构成》（〈宋代形勢户の構成〉），载于《宋元乡村制研究》（《宋元郷村制の研究》），创文社，1988。

5　关于这点，请参照大泽正昭：《主張する〈愚民〉たち》，角川书店，1996。

6　梅原郁：《宋代的形势与官户》（〈宋代の形勢と官户〉），《东方学报》60册，1988。

7　草野靖：《宋代的形势户》（〈宋代の形勢户〉），《福冈大学人文论丛》25卷1号，1993。

8　梁庚尧：《豪横与长者：南宋官户与士人居乡的两种形象》，载于《新史学》4卷4期，1993。后收于氏著《宋代社会经济史论集》，允晨文化实业股份公司，1997。

9　参见林文勋、谷更有《唐宋乡村社会力量与基层控制》（云南出版社，2005）等。

10　廖寅：《宋代两浙地区民间强势力量与地域秩序》，人民出版社，

2011。关于本书，小林义广发表的书评从学说史的角度予以定位，并做了准确的批判（载于《名古屋大学东洋史研究报告》37 号，2013）。

11 林文勋、谷更有：《唐宋乡村社会力量与基层控制》，上篇《唐宋“富民”阶层的崛起》。

12 参见王善军《强宗豪族与宋代基层社会》（载于《河北大学学报》23 卷 3 期，1998）等。其他尚有不少研究，但在日本无法取得的论文也很多。

13 高桥芳郎：《黄勉斎と劉後村》，北海道大学出版会，2011。

14 梅原郁：《名公书判清明集》，同朋舍，1986。

15 《清明集》研究会自 1991 年以来，已经发表了“惩恶门”“人品门”“人伦门”“官吏门”的译注稿（皆由汲古书院出版）。

16 我到目前为止的研究，收录于本书第一章至第三章。

17 滋贺秀三：《清代中国の法と裁判》，创文社，1984。

18 陈智超：《南宋二十户豪横的分析》，载于《宋史研究论文集：1984 年年会编刊》，浙江人民出版社，1987。

19 参考大泽正昭：《主張する〈愚民〉たち》。其后，学界围绕这点又提出了几种论考。例如青木敦《健讼的地域形象：关于 11—13 世纪江西社会的法文化与人口移动》（〈健訟の地域的イメージ：11-13 世紀江西社会の法文化と人口移動をめぐって〉）（载于《社会经济史学》65 卷 3 号，1999）等。另外，小川快之对这些问题做了总括的整理。参考小川快之：《传统中国的法与秩序》（《伝統中国の法と秩序》），汲古书院，2009。

20 参考陈智超：《宋史研究的珍贵史料》，载于《名公书判清明集》附录七，中华书局，1987。

21 关于这种家庭与家户的差別，参考拙著《唐宋時代の家族・婚姻・女性》（明石书店，2005）终章。

22 关于以下史料的现代语翻译，参考高桥芳郎、梅原郁、《清明集》研究会的译注。又，原文记载各式各样的注，本史料原文如上。

23　《清明集》卷十三“豪与哗均为民害”。

24　《清明集》卷九“背主赖库本钱”。

25　《清明集》卷二“巡检因究实取乞”。

26　《清明集》卷十二“豪横”。

27　《清明集》卷十二“诈官作威追人于死”。

28　《清明集》卷十二“不纳租赋擅作威福停藏逋逃胁持官司”。

29　《清明集》卷十二“母子不法同恶相济”。

30　《清明集》卷十二“母子不法同恶相济”。

31　关于这点，辻正博进行了宝贵的研究。根据辻正博《隋唐時代相州的司法与社会》（〈隋唐時代の相州における司法と社会〉）［载于夫马进编，《中过诉讼社会史研究》（《中国訴訟社会史の研究》），京都大学学術出版会，2011］的研究，到唐代为止的相州，“健讼”问题尚未十分显著化。

32　《清明集》卷十一“宗室作过押送外司拘管爪牙并从编配”。

33　《清明集》卷十一“铅山赃吏”。

34　《清明集》卷十二“为恶贯盈”。

35　《清明集》卷十二“教唆与吏为市”。

36　《清明集》卷一“禁戢摊盐监租差专人之扰”。

37　《清明集》卷十一“黠吏为公私之蠹者合行徒配以警其余”。

38　《清明集》卷十二“结托州县蓄养罢吏配军夺人”。

39　《清明集》卷十二“举人豪横虐民取财”。

40　《清明集》卷十二“造两盐库”。

41　《清明集》卷十一“慢令”。

42　《黄勉斋集》卷三十八“曾适张潜争地”。

43　《清明集》卷十二“结托州县蓄养罢吏配军夺人之产罪恶贯盈，检法书拟”。

44　《清明集》卷十二“结托州县蓄养罢吏配军夺人之产罪恶贯盈，断罪”。

45　小川快之总括整理了关于矿业的研究。参考小川快之《伝統中国の法と秩序》第一章，关于宋代信州的矿业与“健讼”等（查小川原书，论信州矿业应为第二章。——译者注）。关于铜的精炼，参考王菱菱《宋代矿冶业研究》（河北大学出版社，2005）等。

46　《宋会要辑稿》食货十一之三。

47　关于这点的研究虽多，但目前可参照我们于福建北部的调查记录，其中由小岛浩之执笔之处。大泽、小岛等：《福建北部历史调查报告：〈清明集〉世界的地理环境与文化背景（建宁府篇）》［〈福建北部歷史調查報告：《清明集》的世界の地理的環境と文化的背景（建寧府篇）〉］，载于《上智史学》57号，2012年11月。

48　《泊宅编》（三卷本）卷上。

49　关于这点，本书第一部第二章做了研究。

50　参考高桥芳郎：《黃勉斎と劉後村》。

51　关于两者之间的关系，参考足立启二：《专制国家史论》，柏书房，1998。

52　参考梁庚尧:《豪横与长者: 南宋官户与士人居乡的两种形象》。

53　参考拙稿《中国社会史研究と〈清明集〉》。其模式图如下（“阿米巴型复合经营体的模式图”）。

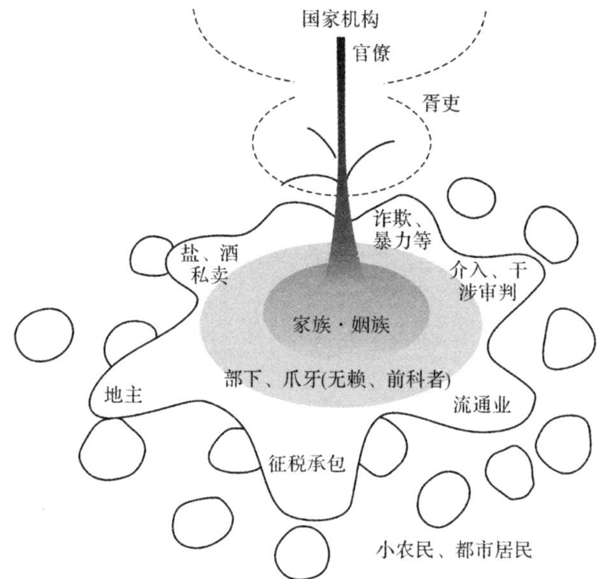

54　附带一提，记录豪民公共性活动的史料，可举出如下的例子。希望这些可以揭示将来的研究课题：

朱熹：《晦庵集》卷一百“龙岩县劝谕牓”：“右今榜龙岩县管下，遍行晓谕。上户豪民，各仰知悉。其有细民不识文字，未能通晓，即请乡曲长上，详此曲折，常切训诲”。

真德秀：《西山先生真文忠公文集》卷三“直前奏事札子甲戌七月二十五日”：“其齐民则天性健斗，每易视虏兵，其豪民则气概相先，能鸠集壮勇。使范蠡、诸葛亮辈得而用之”。

魏了翁：《重校鹤山先生大全文集》卷十四“安癸仲抚谕四川官吏军民诏”：“爰命太府卿安癸仲，兼四川抚谕使。奉将朕指，劳问将士，抚绥黎元，招辑流散，纠合骁武。其有监司牧守，虓将勇夫，巨室豪民，忠臣义士，凡以靖难敌忾，为吾制臣之助者，姓名来上。”

补论

中国社会史研究与《清明集》

日本人的中国认识

日本人在谈到中国时，总是使用一些固定的套语，诸如“一衣带水的关系”或“同文同种的国家”之类的表达。这些自不待言，它象征着彼此距离之近，也是表示亲近感的用语。这种套语被持续地使用，不知怎的也就使很多日本人接受了中日两国的共通性。再者，正是因为在日本人的意识深处，流淌着这种如通奏低音般的素朴情感，因此丝绸之路、《三国志》才会在坊间受到如此欢迎。

那么，日本人的中国认识在这些共通意识和亲近感之外，有无任何具备实际情况的确实内容呢？很遗憾，种种政治事件告诉我们，对于这个问题，答案是否定的。

这象征性地表现出我们的中国认识何其浅薄。这只能从现在起一步一步去克服，而这也在我们面前提出了如下的课题。从一方面来说，这是如何看待中国的国家与社会之关系性的问题。以我们过去的眼光来看待种种政治事件时，会认为当权者与市民之间的距离简直超乎想象的悬绝。但若改变看法，则这种从西欧近代市民社会角度所难以测量的龟裂，也是俨然存在着的。我们此刻有必要切实地测量这个龟裂的深度，并加紧脚步去分析产生这种龟裂的历史构造。这是中国史研究，特别是中国社会史研究所应揭示的一项重要课题。

明版《清明集》之发现

设定了如上的研究课题后，接着更进一步考虑历史的具体问题。作为中国近代社会出发点的宋代社会，应是一个妥当的选择。其中，因近年新发现的史料而备受关注的是南宋时期（1127—1279）的社会。

所谓南宋新史料即近年发现的明版《名公书判清明集》（以下简称《清明集》）14卷。这是南宋末期编纂的裁判判例集，一般认为在中国国内已经散佚。仅存的只有宋版一部分的“户婚门”，保存在日本的静嘉堂文库，并活用于至今为止的研究中。然而到了1983年，在北京、上海两间图书馆内，各自发现了明版的残本（10卷）与完本（14卷）。接着在1987年时，由北京的中华书局发行了附上标点的活字本。借此，我们得以厘清《清明集》的整体面貌，并重新注意到其史料的重要性。

这里先浏览《清明集》14卷的内容。首先，从“官吏门”到“惩恶门”为止共分为7门主题，其下又设有103个小主题。这些小主题各自收录了分类的判决文与判决原案等相关文书。收录的文书，虽有一些也残存于个人文集中，但大多是新发现的史料。尽管这些之中有的以某种形式做了删削，有的可以推测是误字、错简，但并未见到人为意图的篡改痕迹，因此可说是接近第一手史料集成的贵重史料。由于保留了浓厚的裁判文书原形，所以用语、登场人物等有些难以理解之处，但另一方面，这不仅是了解当时诉讼与裁判制度的史料，还是窥见相关人等的活生生的关系的绝好材料。随着今后研究的发展，期待它能解明既有史料中无从得知的具体裁判的手续，胥吏、衙役等基层行政人员及其与基层社会的关系，或是基层社会的构造等诸多的问题。

在这之中，我们关注的是卷十二到十四的“惩恶门”。[1]其中详细地描绘出当时基层社会的犯罪，以及被评为“豪横”的有权势者们所犯下的罪状。这也把位于南宋时期的国家与基层社会的中间位置的阶层（姑且先称之为中间阶层）的具体生态展示到了我们眼前。以下就以这些史料为题材，思考在考察南宋国家与社会时遇到的问题。

宋代的豪民

在主流学说史中，对于宋代中间阶层的历史特性大致有两种互不相容的见解。第一个学说认为他们是使用类似农奴的佃户以经营庄园的地主阶层，他们以经济实力为基础，在社会上形成了很大的势力。这是试图从中找出对中国封建制社会的见解（周藤吉之等）。另一个学说则认为他们是五代以降成立的官僚、地主、大商人的“三位一体”势力，他们运转“资本”的时代可视为中国的近世（宫崎市定等）。这两个学说，相距甚远，要找出衔接点并描绘出新的历史图像十分困难。但是，这项工作的线索之一，应该就是去分析以往受限于史料所无法深入的基层社会的具体构造。“地主”或“资本”究竟以何种实态在基层社会占据位置?它们会展开何种活动?若能掌握这些的话，就有可能开启超越两种对立学说的展望。这次《清明集》的发现，使得这在一定程度上变得可能。

我们再次将目光转回到前述的“豪横”势力。以他们在历史上的位置为视角，试着提示如下的问题。此即：（一）他们势力的实态为何，其集团内部的人际关系是什么样子?（二）经济活动是何者以怎样的方式进行?（三）与周围农民、市民的人际关系是什么样子?（四）与国家的关系如何?以上四点。借着研究这些内容，尝试去掌握他们运动的理论，我们可以对基层社会的构造得到更明确的理解。

梅原郁很早就使用《清明集》来分析南宋的中间阶层，乃至其中的豪民性格。[2]他举出以地域为根基的豪民具有如下四点“共通项”。

一、承揽制置使、总领使等各官厅的工作，负责买卖盐、谷物，与官方发生联系。

二、在地方上，作为揽户承包征税工作，或经营酒坊，擅自建立商税场等。

三、私置牢狱、狱具，握有警察权与裁判权。

四、其部下的核心是有前科的州县胥吏。

这可说是对当时豪民特点的真实整理。但是，这与其说是汇整的“共通项”，不如说是从中导出的所谓的最小公倍数特点。为何如此?只要详细阅读《清明集》惩恶门的内容，就会不断发现不符合这四点的豪民出现。有的是与官厅的关系不明者，也有完全未见第二项活动者。由于原史料并未全部保留下来，因此有不明的部分也无可奈何。梅原的这种归纳虽是应该尊重的见解，但严格来说，他是在导出最小公倍数，而非追求最大公约数。

那么为何是（要追求）最大公约数呢？这是因为本文把豪民势力的构造分析视为首要的问题。因此辨别他们共通的核心部分以及流动的围绕部分的工作，正是在厘清其构造上的首要手续。

豪民势力的构造

这里试着再次将《清明集》“惩恶门”中被裁处的豪民实态全部举出，如下所示。

a. 以亲子兄弟、姻族为核心

b. 以包含州县胥吏在内的前科犯、无赖作为部下

c. 借由买官从一族中产生官僚

d. 以贿赂等结托胥吏

e. 以承包国家的征税等业务，与基层行政产生关联

f. 同样与流通产生关联

g. 借由诈欺、暴力等不正当手段来夺取土地、财产

h. 进行盐、酒私卖，或私铸铜钱等违法行为

i. 执行伴有拷问的私人裁判

j. 其他如赌博、诱拐、人口买卖、暴力行为等粗暴的违法行为

k. 因农民或市民之诉讼，使其违法行为受到裁决，并接受国家的刑罚

将以上诸点再按照前述课题重新整理，则汇整如下。

一、在构成豪民集团的人际关系中，以家族、姻族为中心，将前科犯等纳入其支配下（a、b）。他们与国家机构具有个别的联系（c、d）。

二、在经济活动方面，他们表面上是地主经营（g）、流通业者（f），但暗地里则寄生于物流的各个方面（h）。亦即，在农业生产与流通这两个前近代社会最重要的经济活动之中，早已深植密布着豪民的势力了。

三、对农民、市民强制施加暴力和以国家权力为背景的经济性与人格性服从（d、i、j）。

四、对于国家，作为代替执行基层行政、国家性物流（e、f）之交换，具有利用其权威（d、g）的相互依存关系。但是，并无取代国家支配的力量（k）。

为避免误解这种实态，因此将其图像化，即如第131页之图。若加上若干注释的话，可以称之为阿米巴型复合经营体的构造。这是以（一）为核心，以（二）作为伸缩自如的触手。此触手随存在条件不同可作伸缩，可以是单数也可以是复数，可以大幅成长，也可以缩小。豪民们柔软地对应各式各样的环境，如（三）那样吞噬或支配农民与市民。进而从核心延伸的树状突起即胥吏与官僚，亦即与国家保持联络的装置。

分析《清明集》所见的豪民势力，可以看到以上的模型。可以认为宋代以降的基层社会中，存在着具有这种构造的豪民势力。他们虽在《清明集》中被作为犯罪集团而举出，然而只要不跨越那一条界线，则其集团平时的活动仍会得到容忍。从统治者的角度来看，他们是一种堪称“必要之恶”的存在。进一步说，产生出高级官僚的所谓大地主阶层经营的基本形态也位于其延长线上，因而他们与豪民之间不是仅有毫厘之差吗？

还有一点应该注意的是他们与农业、商业，乃至流通业的关系。虽然采取地主经营，但若将他们只归结于其中一种属性的话，这是不行的。他们是一种会随着自身存在条件的变化而灵活地变化的、在广泛意义上的经营体。是故，他们不可能代表单一阶级的利害。这点与以豪农阶层为核心的日本近世的样貌具有很大的差异。

展望

如果以上这样的判断得以成立，则应如何理解宋代国家与社会的关系呢？

在思考其展望之前，我们有必要先确认以下这点。此即，包含这个时期以降，中国所谓的共同体——作为法的主体——并不存在。无论是如日本村落共同体那样的营运组织，还是商人的共同团体也罢，都是性质十分特殊的组织。因此，例如以小农民自己经营来进行持续再生产时，不管采取什么形式，他们都不能依赖村落共同体。他们或者基于利害一致的同等经营，结成暂时性的合作关系，又或者依存于本文所见的豪民势力，具有若干种选择。此时，将与联合了国家统治的豪民势力的关系作为最重要的要素，这个选择应是明智的生存之道。也就是说，相较于把小农民彼此之间的对等关系设定为主轴，我们更倾向于认为他们选择了重视与地主、豪民等之间的关系，即重视所谓强者与弱者之关系。

如此一来，在农村中就形成了“国家—中间阶层—小农民”

这种纵向的序列，并因此维持了基层社会的秩序。而前述的中间阶层既然无法代表农民阶级的利害，则国家与小农民之间也就很快地产生了龟裂。此后，明清时期的中间阶层即成为所谓的“乡绅”，在中国历史上发挥独特的作用。关于中间阶层原型的成立可以追溯到唐末、五代时期，至于查明其内容，以及其在元代以后的展开，则有待今后的研究。

以上，是以新发现史料的明版《清明集》为题材，试着展望南宋时期的国家与社会的关系。当然，随着此后研究的进展，可能也会迫使本文的推测做出修正。不仅限于中国史，也期待来自各领域专家的指教，搁笔于此。

注释

1　关于这个部分的全体译注已经公开发表了。《清明集》研究会编，《名公书判清明集（惩恶门）译注稿》“其一～其五”（汲古书院，1991—1995）。

2　梅原郁，〈宋代の形勢と官户〉，《东方学报》60册，1988。

第二部

《袁氏世范》的世界

梗概

在第二部中，我们要分析的是地方官对家庭生活的认识。他们在内部的、私人领域方面考虑哪些问题？如何做出判断？这是我们研究的课题。

众所周知，宋代是周边民族活动十分活跃的时代。在这个时期，契丹、女真、蒙古、党项等西北方民族的活动十分引人注意，并对中原王朝施加了压力。以唐宋变革为契机，宋王朝的新秩序建设也在抵抗他们压力的同时持续进展着。但是，宋朝终究屈服于他们南下的压力，被迫南迁。先是金朝，继而是元朝，不断威胁着宋朝的存续。我们后世的人们清楚知道这种国际情势的进行，亦即对宋王朝而言存续危机十分紧迫。但是，在宋王朝治下的人们似乎对于这种情势没有如此深刻的感受。在行政机关内部，宋王朝的日常性政务依然反复执行着。而与政治动向没有直接关联的史料——例如第一部中举出的《清明集》即是如此——阅读它的内容后，我们完全可以说它丝毫没有反映这种危机状况。其中只能看到官僚们十分专心地履行着日常职能的样子。

那么，当宋人身处私生活的场域时，究竟又在想些什么呢？他们的日常感觉究竟又是什么样子呢？这些知识分子、官僚们每天的现实认识，特别令人好奇。尽管要掌握全貌有其困难，但窥探其中一部分应该是可行的。此时我的脑海中浮现了袁采的《袁氏世范》。作为下级官僚、知识分子的作者在日常生活中碰到哪些问题，如何解决，以及他在解决时又抱持怎样的价值判断，此书即思考这些问题的线索。在第二部中我们将借由分析此史料，来试着考察作者的思考方式、对现状的认识与价值判断的应有状态。

在分析方法上，以理解《袁氏世范》此史料整体逻辑为目标，并从中探索袁采平常抱持的价值判断之应有状态。在第五、第六章中，与第一部一样，我也会使用数量分析的方法来俯瞰此史料的全体面貌，以考察贯穿其中的逻辑。这是属于我自己的史料研究之道。在第七、第八章中拟考虑袁采的视角，即其理念的特征。第七章将其理念的整体特征称之为“现实主义”，并考察以此为基础的对现状的认识之应有状态。承续前者，第八章则是以他在家族、宗族维持方面所提出的方向性规范为主题，展开分析。

第五章

《袁氏世范》的研究史与内容构成

前言

南宋中期之人袁采，他以其《袁氏世范》(以下简称《世范》)一书而广为人知。他曾在12世纪后半叶担任今天浙江、福建、江西省的三个县（一说四）的长官。[1]据说本书出版时，他正在其中之一的乐清县（浙江省）任上。此书初版于淳熙戊戌年（1178），再版则是绍熙改元之年（1190）。根据刘镇的序以及袁采的附记、跋文，可知当初原本题名《俗训》，后在太学同窗刘镇的劝说下，才改为《世范》（一世模范之意）。亦即，原本是“喜好议论世俗之事”的作者，他以乐清县的居民和自己的家族、子孙为对象，撰写了这本通俗易懂的书，但刘镇却将对象读者扩展到全天下，以此方式改变了书名。[2]从而，本书的记述与《世范》这个书名稍有不同，其重心放在以自家为念的家族、宗族问题上。

从经历来说，他只是一位下级地方官，在政治史上也并未留下值得称道的事迹。但是，《世范》因其独特的内容而引起历代知识分子阶级的注意，使他得以名留青史。《世范》是所谓家训的一种，在那个司马光的《家范》为人所称道的时代中，从正统派的儒教价值观来看，这也算不上是评价多高的著作。然而这样的著作却能被人传颂不绝，完全是因为其独特的内容。例如《四库全书总目提要》评价此书“于立身处世之道，反复详尽，所以砥砺末俗者”。[3]还有，在我们的《世范校本》（赞岐・片山信撰，嘉永五年刻本）序文中，三野知彰写道，当以“农夫、樵夫、篙师”等“生而不识一丁字”的庶民为对象，并以此书为题材来进行讲解时，出现了“来而就席者，果皆感服，向退者复进，散者复聚，户外之屦，倍于曩时”的盛况。他的内容、叙述就是如此地贴近庶民。三野评价此书为“文辞虽浅近且卑，理旨极切实”。[4]确实，《世范》的题材既切身又具体，而且其叙述又能率直地打动人心。因此，将这个题材以及叙述内容作为历史，特别是社会史研究的素材，必然极为有效。

在第二部分中，我将以《世范》为题材来分析地方官的日常视角。但是，所谓地方官的视角，其实主要是他们作为家长的日常视角。在此，不停地出现有关经营一个“家”的各种问题，此时就得仰赖家长的判断。他们掌握什么样的现实？对此又做出何种判断？这些将是研讨的课题。在本章中，我将以考察《世范》的内容特征作为前提，首先分析史料的特点，以下即考察之端绪。

一、研究史与课题设定

在迄今为止的宋代史研究，特别是在社会经济史研究中，《世范》的记述被频繁地举出使用，这是众所周知的事实。这是由于它极为简明、率直地记述了当时的社会剖面。我也是在家族研究等方面，屡屡将其举出作为重要记事的一人，[5]但现在回想起来，不禁多少有点担心。因为我并未检验《世范》全书的史料特点，故会予人一种只是取出对我自己论旨有用之处的印象。当然，《世范》的记述是由比较短的条目所构成的，其内容也确实浅显易懂，因而一般也认为它具有很容易引用的特点。若是能按照我的问题意识来说的话，为了使迄今的研究获得更充分的说服力，就有必要分析《世范》记述的整体特征，且必须确认这并非只是任意切割袁采主张的一面而已。为此，有必要厘清《世范》的史料特点。

首先观察一下直接依据袁采与《袁氏世范》的研究动向。如一般所熟知的，在 20 世纪 30 年代下半叶所谓近代历史学的形成时期，陈东原将袁采评价为“中国史上第一的女性同情论者”。[6]他注意到《世范》的记述直接面对宋代的现实，并且公正地承认女性的角色。由此，后世对《世范》的评价是崭新的，故对学界也产生了很大影响。前述拙著中已指出，即使在今天的中国女性史研究领域里，他的著作依然被奉为圭臬。[7]另一方面，西田太一郎认为此书网罗了“家族宗族乡村生活上必须知道的事项”，并在附上简单说明后，发表了接近全文的日译。[8]这是十分成熟的翻译成果，即使今天依然有用。本文也从中获益甚多，这点必须清楚说明。此后，经过约 40 年后才出现正式的研究。以梁太济从社会经济史视角出发的研究为嚆矢，[9]接着陈智超又深化其视角，并使其进一步发展。[10]陈氏从《世范》的记述中抽取出构成当时社会的五个阶级，并特别以“庶民地主”的生产关系为中心进行分析。这是中国研究者共有的视角，即从唐代以前所谓“贵族地主”变化而来的地主制之形态。只是这项研究并非以《世范》的主张本身作为问题。另一方面，大约与此同时，伊沛霞（Patricia B. Ebrey）则是直接从正面研究了《世范》。[11]版本研讨自不在话下，更重要的是她在记述全部内容时，解说了家族形态与宗族的共同生活、士大夫们的基本价值观、家产继承、家族经营等问题，并发表了考察（第一部分）与全文英译（第二部分）。这为《世范》研究打开了全新局面，有必要以这种视角做更深入的研究。如此一来，我们首先就应从吟味伊沛霞的研究开始着手。

伊沛霞的研究从《世范》的历史地位开始，到内容的解说、评价为止，属于全面展开的研究，堪称划时代的成果。今后的研究应该也不可能完全回避她的成果。为供参考，这里介绍第一部分的章节构成。另外，括号内是我的翻译。

“Family and Property in Sung China：Yüan Ts’ai’s Precepts for social life”

（宋代的家族与财产——袁采的社会生活）

Chapter1 Introduction（第一章序论）

Chapter2 The Family in the Classical Tradition（第二章古典传统中的家族）

Chapter3 Social Life and Ultimate Values（第三章社会生活与根本的价值观）

Chapter4 The Harmony of Co-Residents（第四章同居者的和谐）

Chapter5 The Transmission of Property（第五章财产的传递）

Chapter6 The Business of Managing a Family（第六章管理家庭的工作）

如以上章节构成所表明的，此书虽是以《世范》为题材所做的关于宋代家族（包含家庭、宗族）与财产的研究，但也涉及当时价值观等问题的研讨，因而也是广义上的社会史研究。这相应地反映出《世范》作为家训的内容特征，并确实捕捉到此书的著述意图，即以维持宗族内部的和谐以及家族繁荣为目的。即便就此意义来说，也是该领域的重要研究成果。另外，正如伊沛霞屡次指出的，袁采的思考方式是根据其独特观点所产生的个性化的产物。例如，比起“仁”与“理”，他却更强调忍耐与妥协，所以此书记述的是从他的现实认识出发的思考方法。这点是在本章的研讨之前必须再次强调之处。

伊沛霞的议论提出了很多有意思的论点，说服力很强。但是，也有一些令人在意之处。至于《世范》的英译、解释方面也有若干值得议论的问题点，[12] 但这些姑且略过。在此想指出的一点是其对《世范》的评价之高，稍有过大之嫌。例如，伊沛霞将古典学者司马光等人的著作与哲学者朱熹等人的著作分为两个贡献群，讨论其特征，并于此基础上将《世范》放在与他们的贡献对等的位置上。她对自己的研究对象赋予了高度评价或执念，这也不是不能理解的，但像这样的比较，若从被比较者的其他贡献的质量与数量两方面来看，应该是不合理的设定吧。当然，《世范》的记述具有独特的个性，单纯的比较在本质上是困难的。至于每本著作都具有各自相应的意义，这个主张当然也能够理解。可是尽管如此，将这些放在同一个层次上作为对等的议论对象，不得不说仍是不合理的。

另外，伊沛霞在许多地方对《世范》作了历史评价。但是，这也并非就是简洁明确的定位，或者明白扼要的评价。这也是由于她的研究方法的特性使然。她将《世范》的记述比作一种社会学或文化人类学的调查、研究方面的情报提供者，根据袁采的“证言”来试图复原当时的文化与社会状况。其分析最后就归结为“宋代的家族与财产”的问题。它虽然也考察了《世范》整体的史料特征，但并不能算是做出综合的评价。而且有可能因为只是简短地概括各条“证言”的内容，以至于有关袁采的现实认识体系乃至逻辑的特质究竟是什么样子，她并未特别措意。尽管以上的批评稍显吹毛求疵，但那也足以反映她的研究与笔者关注焦点的不同之处（此处据作者原意略作润饰）。

因此对我们而言，如何厘清《世范》这个贵重史料的整体记述应有的状态及特征，就成了接下来的工作。换句话说，如何掌握《世范》中所表现出来的袁采之理念，以及其现实认识的应有状态，就成为一大课题。这个问题即位于（本书）第一部的课题意识的延长线上。在那里已分析了地方官对于裁判这种职务的观点与判断，在第二部中则要分析其关于日常生活的观点与判断。综合这些的话，就会与理解宋代知识分子，特别是理解地方官现实认识特质的工作产生联系。进而，这应该能为思考宋代中间阶层的历史角色提供线索。[13]

二、《世范》的整体构成

1. 关于版本

首先从版本的分析开始。伊沛霞对这个问题同样也做了详细研讨。[14] 根据其研究，现行的《世范》大致可分为两种版本，从后序的日期来看，即淳熙己亥（1179）年的初版系统（《宝颜堂秘籍》版、《四库全书》版等，以下简称《淳熙版》），以及绍熙改元（1190）年的再版系统（《知不足斋丛书》版和刻本《世范校本》等，以下简称《绍熙版》）。前者各条目皆未附上标题，后者则有，这是其形式上的特征。另外，这两版与宋、元版的完本皆已佚失，只残存明代以降的版本。

不过，宋、元时代的类书，即宋代陈元靓所撰的《事林广记》二种，[15] 以及元代无名氏撰的《居家必用事类》，[16] 这两本书曾以摘要的形式引用了部分的《世范》。前者引用的可能是绍熙版，后者则可能是依据淳熙版。另外，其引用文章与原本有很多不同之处，可视为抄录之际改变的结果，伊沛霞根据这点指出，当时可能流通着手写本的《世范》。确实，只要试着比较这些引用与现行本，就会发现有将前后条目内容混为一条的情形，也有几乎是同一篇文章但文字却颇有不同的情形。从这里来看，在宋、元时代，除了《世范》的完本之外，很可能还存在着各条目或者摘记各类似条目的版本，并为前揭类书亦即日用百科全书类所引用而流通着。若是如此的话，则《世范》有一部分应是以其著作的实用特点而为人采用，并广泛为人所阅读。这应该也是该书得以流传至现代的理由之一。这点后续还会再做讨论。

本文没有深入探讨版本问题的余裕，因此有必要选择最好的版本。这里比较现行《世范》的四种版本以及宋、元类书中的引用文，并做成表 5-1“《世范》条目对照表”。在此参考条目数与文字异同的校勘等，姑且以《世范校本》为基准，将各卷条目的揭载顺序编号以做对照。全部欠缺的条目以“—”表示，有相当部分欠缺的条目则以“少”表示，分割的条目给予连续编号。另外，文章与前条联结的条目则给予同样编号。至于两种类书引用的部分，在认定与《世范》相同的条目项下，按照类书的记载顺序编号。

综观该表全部内容，可知绍熙版是整理得最好且方便使用的版本。例如与绍熙版比较起来，《宝颜堂秘籍》的上卷、下卷各自欠缺一条；《四库全书》版则是在上卷欠缺两条之外，还因分割同一条目等原因，最终少了五条，至于中卷则少了八条、下卷也少了一条。这些《四库全书》版的问题，在绍熙版以其他项目设立的条目之中，以一个条目总括的例子存在十处以上。另一方面，在绍熙版中，《知不足斋丛书》版只欠缺了一条（卷上最后一条“置义庄不如义学”）。因此，以下记述引用《世范》时将使用绍熙版，特别是《世范校本》。有关和刻本的使用虽然使人感觉有若干问题，但它与《知不足斋丛书》版几乎没有差异，且栏外还附有文字校订与附记，故判断其亦可信赖。

附带一提，绍熙版因附有条目标题，成为方便阅读的版本。那么，此种标题是于再版之际由作者添加上去的吗？或许这也有可能。但是，观察前揭《事林广记》的两种版本，虽然其引用条目也有附上标题，可是却与绍熙版完全不同。也就是说，在宋末、元代时的同一项条目至少有过两个标题。从这点来考虑，则绍熙版的标题就并非作者原创，而很可能是宋、元时代流通过程中所添加的。为何如此？这是在《事林广记》引用时，并无特别改变原标题之故。至少仅限于其引用部分来说，感觉不出任何只变更标题的必然性。但是，在判断这点方面，还有必要做更深入的分析。

2.《世范》构成的特征

其次要确认的是《世范》的整体构成及其主张的特征。

《世范》由全三卷、206条所构成。标记有上卷“睦亲”（家庭、宗族内的伦理，65条）、中卷“处己”（自身的修养，68条）、下卷“治家”（包含资产、雇佣者管理在内的家之统治，73条）的标题，[17]提示了各卷的主题。分析其内容，随着进入各卷下半部分，尽管多少出现了一些脱离这个主题的主张，但并无特别明显的错乱。但正如袁采自己写下的（本章注2所引跋文）那样，《世范》是记录他即兴谈话的内容，之后才编集的产物，并非按照某个一贯主题撰写的著作。因此，条目之中难免包含比较偏离主题的话题。是故，我们有必要先大致俯瞰各卷的记述内容。

为了确认主题的大致框架，首先试着注意各卷名词的使用频率。例如，观察有关家庭、家户、宗族的称呼。如此，在上卷，几乎所有条目都出现了父子、兄弟、子侄等表示家族、宗族的用语，至于中卷的68条之中仅有15条、下卷的73条中仅有28条使用。另一方面，仆、婢等雇佣者在上卷只有7条、中卷0条，而在下卷却有26条。从这种名词使用频率来说，可知卷上即以家族、宗族内部的人际关系为主题，下卷所谓“治家”则是以包含雇佣者在内的“家”及其管理为主题。进而这所谓“治家”之“家”与其说是“家庭”“宗族”，不如说是意味着“家户”之意。[18]

那么，中卷又具有什么样的性格呢？在此不变的虽是叙述个人的道德修养，但若先拿后揭第七章注（1）“一览表”来看，则其前半部分特别引人注目的，其实是诸如“天”“神”“造物”“命分”等超越人为的存在，以及关于其效用的用语。这些在68条中有19条使用，与其他两卷相比，其数量之多堪称中卷的特征。伊沛霞也指出了这种有关超越人为存在的想法（前揭书第三章），但稍微再从逻辑来看，这里实有两个方向性。其一是条目（2）“处富贵不宜骄傲”中记载的“富贵乃命分偶然”之例，以及（5）“世事更变皆天理”的条目名称，这些例子说明了对天的统治与命运论的理解，乃至表达了一种豁达。另一种方向则是努力修养以“积善”“积恶”，无论是好是坏皆会得到回报。例如（20）的条目名称“善恶应报难穷诘”之类的看法。这种“豁达”与“努力”实是相异的方向。这些归根究底是相互矛盾的看法，却同时并存于袁采脑中。他是否意识到了这个矛盾？无法确定。只是，后者与此后一般广为通行的“善书”的看法有相通之处，袁采对此信奉到何种程度这是另一个问题，这也可说是为了说服子孙的方便主张。

再次确认以上主题的大致框架，上卷是家庭、宗族的人际关系，中卷是自我修养与超越者及其效用，而下卷则是家户及其管理。

附表

表5-1 《世范》条目对照表（1）

校本	知不	宝颜	四库	居家	事林 A	校本	知不	宝颜	四库	居家	事林 A
上卷	卷一	上卷	上卷			33	33	33	32（少）		6
1	1	1	1			34	34	34	—	11	7
2	2	2	2			35	35	35	32	12	4
3	3	3	3			36	36	36	33	13	5
4	4	4	4			37	37	37	34		8
5	5	5	5			38	38	38	34	4	9
6	6	6	6			39	39	39	35	5	
7	7	7	7			40	40	40	36		
8	8	8	8			41	41	41	37		
9	9	9	9			42	42	42	38		10
10	10	10	10			43	43	43	39		10
11	11	11	11			44	44	44	40		

续表

校本	知不	宝颜	四库	居家	事林 A	校本	知不	宝颜	四库	居家	事林 A
12	12	12	12			45	45	45	41	6	
13	13	13	13	3		46	46	46	42		
14	14	14	14			47	47	—	43		
15	15	15	15			48	48	47	44		11
16	16	16	16			49	49	48	—		13
17	17	17	17			50	50	49	45		13
18	18	18	18			51	51	50	46		
19	19	19	19			52	52	51	47		
20	20	20	20			53	53	52	48		
21	21	21	21			54	54	53	49		13
22	22	22	22			55	55	54	50		13
23	23	23	23	1		56	56	55	51		13
24	24	24	24			57	57	56	52	7	13
25	25	25	25	2	1	58	58	57	53		13

续表

校本	知不	宝颜	四库	居家	事林 A	校本	知不	宝颜	四库	居家	事林 A
26	26	26	26		2	59	59	58	54		
27	27	27	27			60	60	59	55		
28	28	28	28			61	61	60	56	8	12
29	29	29	29			62	62	61	57	9	3
30	30	30	30			63	63	62	58	10	
31	31	31	31			64	64	63	59		
32	32	32	32			65	—	64	60		

（2）

校本	知不	宝颜	四库	居家	事林 A	校本	知不	宝颜	四库	居家	事林 A
中卷	卷二	中卷	中卷			35	35	35	30		
1	1	1	1			36	36	36	31		18
2	2	2	2		5	37	37	37	31		
3	3	3	3		6	38	38	38	32		10
4	4	4	4		3	39	39	39	33		
5	5	5	5	1	4	40	40	40	34		
6	6	6	6	2	7	41	41	41	35		
7	7	7	7		8	42	42	42	36		
8	8	8	8	3		43	43	43	37		
9	9	9	9	4		44	44	44	38		
10	10	10	10			45	45	45	38		
11	11	11	10	5	18	46	46	46	39		
12	12	12	11		1	47	47	—	40		
13	13	13	12		2	48	48	47	41		

续表

校本	知不	宝颜	四库	居家	事林 A	校本	知不	宝颜	四库	居家	事林 A
14	14	14	13		3	49	49	48	42		
15	15	15	14			50	50	49	43		
16	16	16	15		11	51	51	50	44		
17	17	17	16	6		52	52	51	45		
18	18	18	17			53	53	52	46		20
19	19	19	18		9	54	54	53	47		
20	20	20	19		9	55	55	54	48		
21	21	21	20			56	56	55	49		
22	22	22	21			57	57	56	50		
23	23	23	22			58	58	57	50	8	
24	24	24	23			59	59	68	51	9	
25	25	25	24（少）			60	60	59	52		
26	26	26	24			61	61	60	53		
27	27	27	24		12	62	62	61	54		

续表

校本	知不	宝颜	四库	居家	事林 A	校本	知不	宝颜	四库	居家	事林 A
28	28	28	25			63	63	62	55		
29	29	29	26		13	64	64	63	56		
30	30	30	7		14	65	65	64	57		19
31	31	31	27		15	66	66	66	58		
32	32	32	27	7		67	67	67	59		
33	33	33	28		16	68	68	68（少）	60（少）		
34	32		29								

（3）

校本	知不	宝颜	四库	居家	事林 A	事林 B	校本	知不	宝颜	四库	居家	事林 A	事林 B
下卷	卷三	下卷	下卷				37	37	38	35		23	29
1	1	1	1		1	1	38	38	39	36	13		
2	2	2	2		1	1	39	39	40	37			
3	3	3	3		2	2	40	40	41	38		33	38
4	4	4	4		2	2	41	41	—	39			10
5	5	5	5	1	2	2	42	42	42	40	14		
6	6	6	6		2	2	43	43	43	41	15		
7	7	7	7		3	3	44	44	44	42			
8	8	8	8	2	5	5	45	45	45	43	16		
9	9	9	9		6	6	46	46	46	44		12	25
10	10	10	10		4	4	47	47	47	45		11	24
11	11	11	10		7	7	48	48	48	46		18	22
12	12	12	11		7	7	49	49	49	47	17	19	23
13	13	13–14	12–13		7	7	50	50	50	48	18	19	23

续表

校本	知不	宝颜	四库	居家	事林 A	事林 B	校本	知不	宝颜	四库	居家	事林 A	事林 B
14	14	15	13	3	7	7	51	51	51	49		14	20
15	15	16	14	4	8	8	52	52	52	50		14	20
16	16	17	14		8	8	53	53	53	51			
17	17	18	15		8	8	54	54	54	52		10	10
18	18	19	16		9	9	55	55	55	53			18
19	19	20	17	5	26	32	56	56	56	54			15
20	20	21	18				57	57	57	55			17
21	21	22	19	5	27	32	58	58	58	56			
22	22	23	20	6	28	33	59	59	59	57			16
23	23	24	21		29	34	60	60	60	58–59	19		12
24	24	25	22	7	30	35	61	61	61	60	20		
25	25	26	23		32	37	62	62	62	61			
26	26	27	24	8	31	36	63	63	63	62	21		11
27	27	28	25		32	37	64	64	64	63	22		13

续表

校本	知不	宝颜	四库	居家	事林 A	事林 B	校本	知不	宝颜	四库	居家	事林 A	事林 B
28	28	29	26		25	31	65	65	65	64			
29	29	30	27		25	31	66	66	66	65	23		14
30	30	31	28		20	26	67	67	67	66	24	17	21
31	31	32	29		21	27	68	68	68	67	25	17	19
32	32	33	30–31	9	24	30	69	69	69	68	26	16	19
33	33	34	32	10	22	28	70	70	70	69	27	16	
34	34	35	33	11	21	27	71	71	71	70	28		
35	35	36	34	12	34	39	72	72	72	71	29		
36	36	37	35		23	29	73	73	73	72	30	13	40

简称：校本 = 世范校本，知不 = 知不足斋丛书版，宝颜 = 宝颜秘籍版，四库 = 四库全书版

居家 = 居家必用事类全集版，事林 A= 纂图增新群书类要事林广记，事林 B= 新编群书类要事林广记

注释

1 以往虽认为他曾历任三县知县，但县名不明；另外亦有史料认为是四县。参考陈智超：《〈袁氏世范〉所见南宋民庶地主》，载于《陈智超自选集》，安徽大学出版社，2003（初版于1985年）。根据梁太济的提示介绍了新的史料。

2 刘镇序的要点如下："然是书也，岂惟可以施之乐清，达诸四海可也，岂惟可以行之一时，垂诸后世可也。……而欲目是书曰世范可乎"。对此，袁采的附记如下："同年郑公景元贻书谓余曰，……若欲为一世之范模，则有箕子之书在，今恐名之者，未必人不以为谄，而受之者或以为僭，宜从其旧目，此真确论，正契余心，敢不敬从"。另外，跋文所记如下："采朴鄙，好论世俗事，而性多忘，人有能诵其前言，而己或不记忆，续以所言私笔之，久而成编，假而录之者颇多，不能徧应，乃锓木以传。"

3 原文如下："其书于立身处世之道，反复详尽，所以砥砺末俗者，极为笃挚。"

4 原文如下："于是，杂还而来听者，满堂溢室，然而习句读，晓文字者，仅是巫医、僧道之类而已，其余则农父、樵夫、篙师之种，生而不识一丁字也，是以或欠伸而窃遁席，或坐睡而鼻鼾雷鸣者，往往而有，……当是时，……则获《袁氏世范》，斯书也，文辞虽浅近而卑，理旨极切实，……乃不拣雅俗，不泥训诂，择其中尤切实而入俗耳者，曲譬傍引，优游以开导之，于是乎，来而就席者，果皆感服，向退者复进，散者复聚，户外之屦，倍于曩时……"

5 参考大泽正昭：《唐宋時代の家族・婚姻・女性》，明石书店，2005。

6 陈东原：《中国妇女生活史》，上海商务印书馆，1937。

7 例如，可参考《唐宋時代の家族・婚姻・女性》一书第二章《嫉妒的妻子们》（〈嫉妬する妻たち〉）。

8 西田太一郎译《袁氏世范》（创元社，1941）。引用部分为“译者序”，第 5 页。

9 梁太济：《读〈袁氏世范〉并论宋代封建关系的若干特点》，载于《内蒙古大学学报》哲学社会科学版，1978 年第二期。

10 陈智超：《〈袁氏世范〉所见南宋民庶地主》，载于《陈智超自选集》，安徽大学出版社，2003。

11 Patricia B. Ebrey, Family and Property in Sung China: Yüan Ts'ai's Precepts for social life, Princeton University Press, 1984.

12 关于这点，已有若干研讨。请参考笔者与今泉牧子合著的论文《汉文史料、日译、英译，乃至“超译”》（〈漢文史料、和訳、英訳、そして“超訳”〉），*Sophia*（《ソフィア》）160 号，2012）（大泽正昭先生长年任职的上智大学，英文名为 Sophia University。——译者注）。

13 其他的研究尚有古林森广的《有关南宋袁采的〈袁氏世范〉》（〈南宋の袁采《袁氏世範》について〉），载于《中国宋代的社会与经济》（《中国宋代の社会と経済》），国书刊行会，1995（初版于 1985 年）。但是，他并未参考伊沛霞的研究，且论点与陈智超研究的重复之处也很多。另一方面，尽管笔者以往曾经论及有关中间阶层的问题，但根据本书第一部的研究来看，则希望从维持社会再生产的角度重新进行探讨。

14 参考 Patricia B. Ebrey, *Family and Property in Sung China: Yüan Ts'ai's Precepts for social life*, APPENDIX A, Edition of the Precepts for Social Life and Their Transmission.

15 《事林广记》有很多版本，无法一概涉及。在本文中使用的是中华书局 1999 年版，该书收录有森田宪司的研究论文《关于在日本的〈事林广记〉诸本》（初版于 1992 年）。这里合刻两种版本，其一为《纂图增新群书类要事林广记》，其二为《新编群书类用事林广记》。本文将前者称为《事林广记》A，后者称为《事林广记》B。

16　这里使用的是中文出版社的版本（1979），系影印自宽文 13 年刊行的和刻本。

17　以下各卷题目与条目的日译，参考西田太一郎译《袁氏世范》（创元社，1941）。

18　有关“家庭”与“家户”的差别，参考大泽正昭的《唐宋時代の家族・婚姻・女性》的终章《鞭打者和被鞭打者》（〈むち打つ者と打たれる者〉）等。

第六章

《袁氏世范》的世界

前言

根据前章中关于学说史与版本的概括分析，我在本章中想要概观《世范》所展示的世界的整体面貌。这既是之后章节分析的基础，也是为了确认本书一贯的逻辑。本章在提示第七、第八章的研讨导览图的同时，也具有填补其议论缝隙的作用。因此以下议论将尽可能简洁，注释也省略。另外，因为后面也会引用这些记述，故本章引用的《世范》日译不会举出原文。希望读者能事先了解。

一、《世范》著述的目标

如前章所见，本书内容整体由三卷所构成，各卷中罗列了篇幅比较短小、以教训为基调的文章。这些虽因版本不同而略有差异，但合计大约为 206 条，各卷也有配合各自意图的主题。可能正因如此，遂添加了上卷“睦亲”（家庭、宗族内的伦理）、中卷“处己”（自身的修养）、下卷“治家”（包含资产、雇佣者管理在内的家之统治）的标题。但是如前章已看到的，各卷的记述内容未必完全符合这个主题。这应是作者的笔势所带来的结果。又或者是作者与我们现代人的意识之间的分歧。目前无法提出明确的回答。

进而，本书的整体目标是“厚人伦而美习俗”（刘镇序文引用作者的话）或是“息争省刑俗还醇厚”（跋）。若只看这部分，可能会使人以为这是道学者之流的教科书，但实际内容绝非如此坚苦。它其实是结合日常生活，提出很多更具实践性主张的作品。在前章引用的三野知彰文字已指出这点。如果只是依赖对序文与标题等所做的表面观察，恐怕就会误解本书的内容。首要之务，是从其叙述的文章之中，虚心地读取本书所展示的世界。这反映了作者袁采的“现代”认识，也是构成他做出各式各样判断的基础。

二、《世范》的世界

在此想综观《世范》整体的主张。以个别条文为题材进行综合考察后，可以将本书的特征乃至其中潜藏的逻辑整理如下。此时，拟将《世范》整体作为乐曲，兼用音乐术语来加以说明。我认为借此可以更容易理解其内容。

1. 守护“家”——主旋律

如果顺着袁采反复指出且最在乎的主张的根源探索，最终就会抵达守护“家”这个终点。但是，不用说，这个“家”当然与日本的“家”不是同义语。例如他下面的话：

欲保延家祚者，览他家之已往，思我家之未来，可不修德熟虑以为长久之计耶？（上卷“分给财产务均平”）

据此，守护“家”是为了谋求祖先祭祀的存续。这不外就是儒教的“孝”。也就是说，“家”正是为了举行祖先祭祀这个任务而成立的组织，这是以儒教为基础的想法。那么要如何才能守护“家”呢？循着他的逻辑，可知比起守护，更要紧的是不可使其破产。至于“家”的破产又是如何引起的？原因可以汇总为以下三点。

（1）“家”中之纷争

更具体地说，“家”指的是个别家庭与亲族，以及非血缘的雇佣者、隶属者（即“家户”），他们内部纷争结果所引起的裁判诉讼，就成了破产的原因之一。而“家”内纷争最切身之例就是财产分割之争。例如以下的叙述：

又有果是起于贫寒，不因父祖资产自能奋立，营置财业。或虽有祖宗财产，不因于众，别自殖立私产，其同宗之人必求分析。至于经县、经州、经所在官府累十数年，各至破荡而后已。……连年争讼，妨废家务，及资备裹粮，资绝证佐，与嘱托吏胥，贿赂官员之徒费耶！……苟能知此，则所分虽微，必无争讼之费也。

（上卷“分析财产贵公当”）

本文段相当真实地指出了一族之内的财产纷争。这里记录了发生不讲理诉讼的现实，以及当时诉讼、裁判的实态，甚至其所需要的各种费用的实态。当族内纷争被带进裁判时，就会像这样浪费财产，并朝着破产的方向发展。另外，如同此处所表现的，“家”内问题归根究底仍与“族”内问题联系在一起。这是因为关涉祖先祭祀与共有财产的“族”实为“家”的前提。

（2）作恶事所表现之报应

其次，灭“家”的是日常生活中的恶事。这是借由上天惩罚恶人的作用所带来的结果，袁采也相信这种天的作用：

> 居乡曲间，或有贵显之家，以州县观望而凌人者；又有高资之家，以贿赂公行而凌人者。……如此之人，惟当逊而避之，逮其稔恶之深，天诛之加，则其家之子孙，自能为其父祖破坏，以与乡人复仇也。……大抵作恶而幸免于罪者，必于他时无故而受其报。所谓“天网恢恢，疏而不漏”也。（中卷“小人为恶必天诛”）

像这样，“贵显之家”与“高资之家”因横暴，不久就会受到天诛，并表现在子孙对家产的破坏上。从这里可以看到袁采自己身为官僚的经验，即对于同类的“贵显之家”们的批判。又如下条所见，有不肖子孙成为犯罪者，然而恶报并没有如此单纯地出现。例如，也有众所周知犯下恶事之家，但它却得到繁荣。这是难以解释的眼前现实的情况。对于现实中存在着这么多的恶事与天的作用之间的矛盾，又该如何解释呢？袁采是这么说的：

> 人有所为不善，身遭刑戮，而其子孙昌盛者，人多怪之，以为天理有误。殊不知此人之家，其积善多，积恶少。少不胜多，故其为恶之人身受其报，不妨福祚延及后人。若作恶

多而享寿富安乐，必其前人之遗泽将竭，天不爱惜，恣其恶深，使之大坏也。

（中卷“善恶报应难穷诘”）

据此，说明了先人“积善”“积恶”与现在的“家”之盛衰的关联。因此，若现在的人们做恶事导致“积恶”增加的话，结果就会表现在子孙的灭“家”上。当然，“积善”会带来繁荣，不过袁采主张的重点还是在于警惕子孙。这是来自《易经》的思考方式，是在没有“神”的中国的“天”之信仰。

（3）顽劣子弟将“家”坐吃山空

如前所述，使“家”破产的是不肖子孙。关于这点，袁采的叙述十分详细。例如：

……谚云：“莫言家未成，成家子未生；莫言家未破，破家子未大。”

（上卷“家业兴替系子弟”）

这里指出当时的“谚语”。亦即有子、无子左右了“家”的前途，作为“谚语”，这是当时一般广泛的认识。那么如何才能防止子弟的恶事呢？袁采开出如下的处方：

……凡富贵之子弟，耽酒色，好博弈，异衣服，饰舆马，与群小为伍，以至破家者，非其本心之不肖，由无业以度日，遂起为非之心。

（上卷“子弟须使有业”）

此即不可使子弟耽于逸乐。不逸乐，但却不去为生活而工作的话，仍然无法驱走恶事。尽管“富贵子弟”不用考虑谋生的工作，但对袁采来说也只能提出这样的方法。进而，他劝谕子弟做学问：

> 大抵富贵之家教子弟读书，固欲其取科第及深究圣贤言行之精微。然命有穷达，性有昏明，不可责其必到，尤不可因其不到而使之废学。盖子弟知书，自有所谓无用之用者存焉。……篇卷浩博，非岁月可竟。子弟朝夕于其间，自有资益，不暇他务。又必有朋旧业儒者，相与往还谈论，何至饱食终日，无所用心，而与小人为非也。
>
> （上卷“子弟不可废学”）

如此，做学问有各式各样的效用，连做恶事的闲暇也消失了。虽然断言学问是“无用之用”，但这正是看透了现实的袁采的真正价值。不仅是工作和学问，袁采还论及了更具体的如何管理子弟的部分：

> 人之居家，须令垣墙高厚，藩篱周密，窗壁门关坚牢。随损随修，如有水窦之类，亦须常设格子，务令新固，不可轻忽。……（如果敷衍的话则）盗者有间矣。且免奴婢奔窜及不肖子弟夜出之患。如外有窃盗，内有奔窜及子弟生事，纵官司为之受理，岂不重费财力！
>
> （下卷“宅舍关防、贵周密”）

他指出要整理居宅的防御设备，以防范盗贼、防止奴婢逃亡，同时抑止不肖子弟夜游。如果对这些行为不注意而引起“官司”的话，将耗费极大家财，且立刻会迫使“家”陷入危机。可见，这种对于子弟的想法是站在所谓“性恶说”立场上的。但是，也不就此驳斥袁采的立场。如以下这段文字：

> 多子固为人之患，不可以多子之故轻以与人。须俟其稍长，见其温淳守己，举以与人，两家获福。如在襁褓，即以与人，万一不肖，既破他家，必求归宗，往往兴讼，又破我家，则两家受其祸矣。
>
> （上卷“子多不可轻与人”）

这是对子弟出为养子时的顾虑，他指出应等待孩子成长，观察他到底具有什么样的性格后，再做决定。也就是说，应该好好地注视将来的现实，再从中做出判断。这种视角也表现在其他方面，这是一种所谓看透现实的现实主义立场。

如上所见，《袁氏世范》主张的根本在于“家”的存续。反过来说，重要的就是不要让“家”走上破灭之途。因此，袁采将破灭的步骤归结为三点，即以①家内纷争和②恶事作为原因，并以③“子弟”为其执行者。

2. 防止纷争——副旋律

在把握以上现实的基础上，袁采接着就为“家”的存续提出几个对应方案。这就构成了副旋律。例如为了防止纷争的用心，袁采指出：

> 兴盛之家，长幼多和协，盖所求皆遂，无所争也。破荡

之家，妻孥未尝有过，而家长每多责骂者。

（上卷“家长尤当奉承”）

如上，为了“家”的繁荣（兴盛），家内的“和协”是最重要的。与此相反，家长摆出横暴的姿态，则会至于破灭（破荡）。家长必须留心这点才行。尽管这条条文与题名多少有些不符，但袁采的主张首先就是要家长试着去抑制自己。其他还有许多条文也叙述了家长有必要于平日多加留心。关于这些，在以下议论之中也会涉及，在此仅举出两条典型的例子：

兄弟子侄有同门异户而居者，于众事宜各尽心，不可令小儿、婢仆有扰于众。虽是细微，皆起争之渐。且众之庭宇，一人勤于扫洒，一人全不之顾，勤扫洒者已不能平，况不之顾者又纵其小儿婢仆，常常狼藉，且不容他人禁止，则怒詈失欢多起于此。

（上卷“众事宜各尽心”）

兄弟子侄同居至于不和，本非大有所争。由其中有一人设心不公，为己稍重，……或众有所分，在己必欲多得。其他心不能平，遂启争端，破荡家产。

（上卷“同居贵怀公心”）

这些是以宗族聚居形态为前提所作的叙述。所谓在大家族中生活的注意事项，这在二战前的西田太一郎将《世范》翻译为现代日文时，即已作为问题意识而论及。这是对聚居的生活场合周围全方位的留心、挂虑。这个解释实在是一种日本式的想法，而在那个“日中同质社会论”普及的时代，这也是十分常识性的理解。但是，中国社会究竟能否被视为与日本一样的社会？对于这个问题已经取得共识，其答案大概是否定的。从这个立场来阅读袁采的主张，就会产生与西田不同的解释。亦即，即使以宗族聚居作为理想，可是要做到对于近邻如此彻底的顾虑，还是十分痛苦的。这是与自由（有的时候也是虚无的自由）的中国人的想法不能相容的，不是吗？宗族聚居是一种理想，袁采认为应该朝着这个方向努力，但要落实于现实社会之中则必须克服相当大的困难。结果，正如此后的历史所证明的，宋代宗族聚居的动向并不普及。或者即便一度聚居了，但大多数时候也难以持续下去。其理由之一，我认为正是形成于历史之中的、那种中国人的追求自由的想法。

3. 所谓人类——通奏低音

如果要问以上所见这些道理的根源，就要重新注意袁采的视角。这是对于人类的看法。在许多条文中，他的视角屡屡表现出一种和儒教的，或者与道德主题保持一段距离的情形。例如：

> 人之至亲，莫过于父子兄弟。而父子兄弟有不和者，父子或因于责善，兄弟或因于争财。……父必欲子之性合于己，子之性未必然；兄必欲弟之性合于己，弟之性未必然。其性不可得而合，则其言行亦不可得而合。此父子兄弟不和之根源也。……若悉悟此理，为父兄者，通情于子弟，而不责子弟之同于己；……则处事之际，必相和协，无乖争之患。
>
> （上卷“性不可以强合”）

在此指出家内不和的原因来自父兄(亦即上位者)的“责善”，因此应该排除这种“责善”。但是，子弟遵从父兄正是儒教秩序的一个基本理念。否定这点，理当会变成一大问题，而袁采却毫不迟疑地采取这样的主张。若改变看法，这可以说是一种对个性的承认，也是一种与近代思考方式相通的构想。再举一例：

饮食，人之所欲，而不可无也，非理求之，则为饕为馋；男女，人之所欲，而不可无也，非理狎之，则为奸为淫；财物，人之所欲，而不可无也，非理得之，则为盗为贼。……君子于是三者，虽知可欲而不敢轻形于言，况敢妄萌于心！（中卷“礼仪制欲之大关”）

他在此承认了人类的食欲、性欲与物欲。虽说这种看法也包含在儒教原本的想法之中，但他则是客观地承认了人类的本性，并建议予以节制。这种冷静地批判现实的视角，即是袁采独特的、从而须加以强调的特性。这种视角也见于前揭对“贵显之家”的批评，此外还有如下所述之处：

有子而不自乳，使他人乳之，前辈已言其非矣。况其间求乳母于未产之前者，使不举己子而乳我子。有子方婴孩，使舍之而乳我子，其己子呱呱而泣，至于饿死者。……士夫递相庇护，国家法令有不能禁，彼独不畏于天哉！

（下卷“求乳母令食失恩”）

这里指出了当时乳母的悲惨境遇，并且指责了默认这种状况的“士大夫们”的现实。当国家法令不能禁止之际，他进而则批判国家、官僚。袁采本身是下级官僚，却提出了可能否定自身立场的论调。他率直地承认了现实。这些应该就是现实主义者袁采所吐露的真心话吧。在《世范》的深层暗流中，注视着宋代现实的，正是他那透彻的目光。

4. 对女性的视线——变奏曲

如后章所详述的，陈东原将袁采评价为“第一个女性同情论者”。确实，在《世范》中存在着可以如此解释的条文。例如对于年老女性的境遇，有着如下的叙述：

> 大率妇人依人而立，其未嫁之前，有好祖不如有好父，有好父不如有好兄弟，有好兄弟不如有好侄；其既嫁之后，有好翁不如有好夫，有好夫不如有好子，有好子不如有好孙（后辈中的可靠亲属是必要的。——本书作者注）。故妇人多有少壮享富贵而暮年无聊者，盖由此也。凡其亲戚，所宜矜念。
>
> （上卷“妇人年老尤难处”）

由此，叙述了一般女性年老后的境遇，以及对于她们的“矜念”。此一“矜念”所表明的可以解释为同情。其他尚有同样的文章，此处从略。另一方面，袁采对于女性的处事能力给予很高的评价，如其指出的现实：

> 妇人不预外事者，盖谓夫与子既贤，外事自不必预。若夫与子不肖，掩蔽妇人之耳目，何所不至？……然则夫之不

贤而欲求预外事何益也？……（子之不贤者同）……此乃妇人之大不幸，为之奈何？苟为夫能念其妻之可怜，为子能念其母之可怜，顿然悔悟，岂不甚善！

（上卷“妇人不必预外事”）

这里讲述的是即便在以男性为中心的社会里，当然也会有丈夫与儿子因无能而无法处理“外事”的情形。在这种时候，女性就不得不担当“外事”，袁采对于充分具备这种能力的女性给予好评。其次条文中也举出实例：

妇人有以其夫蠢懦而能自理家务，计算钱谷出入，人不能欺者，有夫不肖而能与其子同理家务，不致破家荡产者，有夫死子幼而能教养其子，敦睦内外姻亲，料理家务，至于兴隆者，皆贤妇人也。

（上卷“寡妇治生难托人”）

实际上存在着这种“贤妇人”。也就是说他承认独立自主的女性的存在，在此意义上，他对女性并无歧视。这在前近代是稀有的存在。但是，袁采的意识并非如此单纯的、超越历史现实之物。反之，在《世范》中也存在着必须承认是明显表露对女性歧视意识的部分，例如：

人家不和，多因妇女以言激怒其夫及同辈。盖妇女所见不广不远，不公不平。又其所谓舅姑、伯叔、妯娌皆假合，强为之称呼，非自然天属。故轻于割恩，易于修怨。非丈夫有远识，则为其役而不自觉，一家之中乖变生矣。

（上卷“妇女之言寡恩义”）

据此，家内不和是由女性的闲话所引起的。这从而也承认了受女性诱导的男性确实存在。反过来说，这代表了女性影响力之大小。还有如下所说：

人之议亲，多要因亲及亲，以示不相忘，此最风俗好处。然其间妇女无远识，多因相熟而相简，至于相忽。遂至于相争而不和，反不若素不相识而骤议亲者。

（上卷“因亲结亲尤当尽礼”）

按此，将女性的没有见识当作家内不和的原因。这是明确的歧视女性的言论。

如此看来，袁采对于女性既有“同情”的一面，但也可明了其根本的歧视意识。也就是说，他的意识并非基于男女性别如何而定，他只是客观地以士大夫的眼光来观察眼前的现实而已。这应该也可以评价为如前述所指出的“现实主义”视角。

5. 日常的观察——小品集

除了以上所见的特征之外，也有袁采以日常观察的目光所产生的条文。试着举出几例看看：

同母之子而长者或为父母所憎，幼者或为父母所爱，此理殆不可晓。窃尝细思其由，盖人生一二岁，举动笑语自得人怜，虽他人犹爱之，况父母乎！才三四岁至五六岁，恣性啼号，多端乖劣，或损动器用，冒犯危险。凡举动言语皆人之所恶。又多痴顽，不受训戒，故虽父母亦深恶之。

（上卷“父母多爱幼子”）

这是触及父母人情隐微之处的教训。他以他自己的方式，说明了即使在现代也经常可见的亲子关系。有关人情的隐微之处，还有如下的文章：

中年以后丧妻乃人之大不幸。幼子稚女无与之抚存，饮食衣服，凡闺门之事无与之料理，则难于不娶。娶在室之人，则少艾之心，非中年以后之人所能御。娶寡居之人，或是不能安其室者，亦不易制。兼有前夫之子，不能忘情，或有亲生之子，岂免二心！故中年再娶为尤难。

（上卷“再娶宜择贤妇”）

这条记述可以看出他准确地掌握了中年以后的男性心理。说不定袁采是一位有过再婚经验的人，又或是他的亲戚之中，发生过这样的案例。即便两者皆否，他对于人类心理的观察目光之仔细，依然使人惊讶。这种观察力还表现在其他各种方面：

古人谓“周人恶媒”，……给女家则曰：“男富。”给男家则曰：“女美。”近世尤甚。给女家则曰：“男家不求备礼，且助出嫁遣之资。”给男家则厚许其所迁之贿，且虚指数目。若轻信其言而成婚，则责恨见欺，夫妻反目，至于仳离者有之。

（上卷“媒妁之言不可信”）

这里指出所谓的“媒人嘴”。媒人的习性自古皆然，宋代也不例外。这里显示了当时也很常见的夫妻不和以至离婚的情形。再者，他又将冷静的目光投向了小孩的教育与学问。虽然是前面引用过的文章，但试着转换一下视角再来看看：

大抵富贵之家教子弟读书，固欲其取科第及深究圣贤言行之精微。然命有穷达，性有昏明，不可责其必到，尤不可因其不到而使之废学。盖子弟知书，自有所谓无用之用者存焉。

（上卷“子弟不可废学”）

这虽是在劝诱（子弟）做学问，但也是对于超出限度的“虎爸”所做的劝诫（原文为“教育爸爸”，乃作者置换日文“教育ママ”而生之词，其含义与中文语境中的“虎爸虎妈”相近，故此处译为“虎爸”。——译者注）。仔细看清楚子弟的能力，不要做出无理（亦即无用）的要求，他以这种现实主义主张作为前提，来规劝人们不要偏离使子弟做学问的正途。他主张家长一定要认清小孩的能力与社会的现状，以采取适当的应对方式。这种对现实的直率批判，正是袁采独有的，或者某种意义上是透过一种自由且客观的视角，来将现实加以文字化的笔力。这里也能看到袁采冷静的观察目光，并且如实地表明了他的现实主义。

结语

至此，在大略整理《世范》的同时，我们也逐渐看出其整体的面貌了。它是以当时的历史课题，即“家”的存续危机及其防卫对策作为主旋律，并且率直地记载了其他诸多的教训。但是，他究竟为何会记载下如此思虑周密、细致的“家”之防卫对策呢？其理由已难以知悉。或许，对于逐渐逼近的其他民族带来的危机感，以及对王朝灭亡的预感，使其对自身未来的顾虑变得更加敏锐了吧？

从另一个角度来看，此处浮现出来的是现实主义者袁采绘声绘色的遗训。这可能是其个性所致之产物，但也可反映出作为当时一位知识分子的日常感觉。若对此进行历史评价的话，则于此登场的并非受到儒教道德理念等观念或规范所束缚者，而是能够客观地审视现实的人物。在此，我们可以感受到一种近代性感觉的萌芽。这也是我倾向于支持宋代—近世说的根据之一。

最后想问的是，如前所述，此一稍稍偏离儒教道德的《世范》，为何在历史上没有遭到抹杀，反而能够一直传颂至今呢？这恐怕是因为，这本书并非以伦理、思想为第一优先之作，而是一本能反映现实、于实践有益的家训吧。到宋末、元代时，此书的部分抄录仍十分流行，足资为证。其后尚可举出之证据，如《事林广记》的各种版本中亦保存有本书的抄录内容。观察这些抄录的方式，可知它们不过是针对如何管理一家之诀窍的部分进行重点拣选之产物。也就是说，《世范》其实是一种以伦理道德来调味，同时兼具一定实用性的著作。而这种特征无论是在过去抑或现在，不也正是那些畅销书所共同兼备的条件吗？

第七章

袁采的现实主义

——分析《袁氏世范》的视点

前言

至前章为止，研究了《世范》的整体面貌，并概观了其世界观的特征。因此，在第六章中也提前涉及了部分本章的研讨结果。这部分暂置勿论。在本章中，我想要再次针对袁采的逻辑进行仔细确认。结合《世范》的记述内容，从而合乎逻辑地抓住其主张之要点，借此即可把握其整体的构造，进而能够认识其世界之广阔。首先，我就试着从《世范》的逻辑构造看起。

一、《世范》用语所见的逻辑构造

为了理解贯彻整部《世范》的逻辑构造，理应仔细地逐条检视条文的内容，总结其主旨，从中汲取其逻辑。然而限于篇幅之故，我们难以进行如此绵密的实证工作。因而在此拟采取定量分析的方法，调查整体的用语，并以其使用频率作为线索。通读整部《世范》后，可以找出若干反复使用的关键词，对于这些关键词的解释，即构成本书把握的线索。

在《世范》里头频繁出现有关家族关系的名词，以这部著作的特点论，也是理所当然的。因此，我们必须抓住那些在此之外特别频繁使用的文字和用语。为方便起见，我们将这些文字、用语汇整为同一类别，并计算其中登场出现的条目数量。例如注意到所谓“争”的文字时，可将“争财”“争讼”“兴争”“起争”等纳入“争”类之类别，试着去计算其中出现的条目数。同样，在“和”类底下，如“和协”“久和”“谐和”等，即可去看它使用多寡之程度。接着按卷区分，将每卷各自使用多少条目，按照用语频率的高低进行排序，并仅列举出排序在前的用语。如此即得出注1的“高使用频率文字、用语一览表”。[1]在此为方便起见，将类似的表现汇整后设置小计之字段。

观察表的内容。如其所示，高频率用语大致上可分为四群。第一群是诸如“和”“公”等与备受推崇之伦理有关的用语。第二群则是“不和”等，即否定前述伦理或作为其反面的用语。第三群是“争”“讼”“破家”等表示具体现实的用语，此种现实即伦理受到否定所带来之结果。第四群则是如“天”这类表示超越者的用语。在这四群之中，特别引人注目的是第三群；单纯合计上举三个类别，即可达上百条之多。即便扣除“争讼”之类的重复表现方式，实际上论及的条目仍接近二分之一。

从这种用语频率之中，可以窥见袁采潜意识中的危机感之所在。若将其逻辑作单纯考虑，可导引出如下的模式。首先，在家族、宗族内部具有应当恪守的伦理。若不能实践此种伦理，就会产生不平，进而在内部引发“不和”或“争执”，甚至发展为诉讼案件。由于诉讼须耗费大量的金钱与时间，因此容易招致破家的结局。当家内的对立在宗族或基层社会中无法解决时，往往就会提到国家审判的场域，在此遂表现出一种中国社会的历史性特征。

袁采的终极追求是“家”的繁荣和存续，为此必须谋求“家”之内部的调和。要保证此种调和，有赖家庭成员的自制，亦即必须遵守“和”等德目，或维持自身的修养；但是，这种努力的成果并非立即可见之物。于是人们必定得承认“天”这类超越人为力量的存在，必须承认它对于人类的果报。如此一来，个人的修养就与“家”的存续和繁荣结为一体。从这样看来，我们大致可以理解《世范》的结构，即是以家族、宗族和家庭作为基调，并在此范围之中去建立个人修养的构想。

稍微具体地去看。袁采是以“家”之崩坏的危机感作为契机，思考如欲守护它并使它存续下去的话，何者才是必要的手段，并将其作为遗留给子孙的教训。这就是以“和”为首的德目，亦即在实践性方面，伊沛霞亦强调的“同居者的和谐”。这点只要看一下上卷开头“性不可以强合”条目的主张即可理解：

> 人之至亲，莫过于父子兄弟。而父子兄弟有不和者，父子或因于责善，兄弟或因于争财。……父必欲子之性合于己，子之性未必然；兄必欲弟之性合于己，弟之性未必然。其性不可得而合，则其言行亦不可得而合。此父子兄弟不和之根源也。……若悉悟此理，为父兄者，通情于子弟，而不责子弟之同于己，……则处事之际，必相和协，无乖争之患。孔子曰：……此圣人教人和家之要术也，宜孰思之。[2]

据此可反映出《世范》基调之一端。在此，并不是搬出父子之孝或兄弟之悌的德目作为大前提，而是注意所谓的“性”，亦即父子、兄弟各自与生俱来的个性，承认改变它的困难性。伊沛霞将此理解为“人类性的多样性”。[3]袁采以这样的现实为前提，谆谆教诲人们应在个人的考虑下寻求和合。在卷中也有同样的记述，如“人之德性，出于天资者，各有所偏，君子知其有所偏”[4]“人之性行，虽有所短，必有所长”[5]等。总之，我们可以看到袁采承认人类存在着各自不同的个性。在承认年长者父、兄之权威的同时，又不以此作为绝对的前提，而是从人类天性的方面，将子弟们各自视为近于对等的、个性的存在。进而，他不依赖家长或尊长的权威，而是借由说服来谋求“和”，这个主张正是贯彻了《世范》的特征。若换个角度来看，这并非观念论，而是仔细地凝视现实，从中探求解决问题良方的态度。就此意义而论，袁采的基本思维方式可说正是一种现实主义。

以上是从用语的定量分析中所得出的《世范》主张之大致轮廓。在此基础上，我们接着稍微再更详细地逐卷讨论他的主张。

二、《世范》的理念与现实认识

如前节所述，若对《世范》用语做定量分析，可知袁采是一位现实主义者，他以从现实出发的逻辑为基础来撰写《世范》。那么，所谓他的现实认识究竟又是什么样子呢？思索其线索，例如从《世范》当中解读出当时现实社会的阶级构成，这真的是有效的方法吗？关注这类用语的方法已经有人使用，在这方面可以举出陈智超的研究成果。[6]然而，他所掌握的其实是所谓当时的社会阶级构成这种客观的框架。这是处于袁采意识以外之物，也并非社会内部的关系，更不用说这绝非袁采所具有的基本认识。我们在此特别注意的，是他自己的社会认识，从中足以表明宋代社会与人类关系的整体之应有状态。那么，我们应该审视《世范》的何处，才能明确理解袁采的现实认识呢？

1.《世范》的理念部分与实践部分

首先，我们回顾第五章中的表 5-1“条目对照表”。我们要注意的是，宋、元类书《事林广记》《居家必用事类》引用《世范》的方式。参考两书的引用方法，即可将《世范》的内容大致区分为两块。换言之，其所引用之条目，即是当时的编纂者们根据一定的实用性基准所挑选出来的条目。不用说，这两本书的编纂意图是提供对日常生活有用的知识，从这个立场出发，才提出了围绕“家”之维持与管理等的各种问题。因此，引用的部分就是编纂者们认为有实用性的部分，至于没有引用的部分，我想即属其他非实用的部分。在此我们就试着对照《世范》的各家版本及其引用的条目。如此遂有一个倾向浮现了出来。

首先，试着通观从上卷至下卷的内容。据此我们会发现，越到后面则引用的条目数量就变得越多。在上卷的 65 条中引用了 25 条，中卷的 68 条中引用了 28 条，即各自约占 40% 与 42%，两者比例大致相同，而到下卷则 73 条中仅有 7 条没有引用。实际上引用了 66 条，约 90%。如前所见，各卷的主题分别是上卷“睦亲”、中卷“处己”与下卷“治家”，由此可知“治家”的部分备受关注。亦即，他们重点挑选了袁采对于“管理家户”这个现实问题的教训。卷下的记述极富具体性。其第一条指出：

> 人之居家，须令墙垣高厚，藩篱周密，窗壁门闩坚牢，随损随修，如有水窦之类，亦须常设格子，务令新固，不可轻忽。[7]

如上，这是对有关居宅设备方面极为琐细而且具体、现实的考虑。这样的具体性，正是引起类书编纂者们特别关注的要素吧。下卷各条目的内容，或多或少也都表现出这种具体性的特征。

无论如何，这仅是对两种类书的引用条目数所做的粗略比较而已。特别在《事林广记》的各家版本中，也只是观察了其中两种而已。但是，我们还是可以料想得到，对于编者而言究竟何处才是重要的问题。我们大致可以确认，对于实用性类书的编纂者们而言，《世范》是一个很合适的典故出处。

对此再进行更详细的观察，于是我们会注意到上卷具有一个特征。在前半段的 32 条中两种类书引用的部分仅有 4 条，与此相对，在后半段则是占比达三分之二的 21 条。再看其条目内容，前半部分大多是“和”、“不和”或“孝”、“不孝”这类记述，又或是像“父母多爱幼子”这类触及人情隐微之处的记述较为醒目。这些所谓家族、宗族间的德目，亦即袁采的德目，或者论及家族关系倾向浓厚的部分，率皆不予引用。再者，评价女性潜在能力的条目也不被引用。也就是说，理念的议论或是与当时一般性认识有所隔阂的记述，都不被引用。反之，这两书无论任一方或双方皆引用的条目，也具有明确的特征。观察这 4 条，其题目如下：

（13）“子弟须使有业”

（23）“同居长幼贵和”

（25）“分析财产贵公当”

（26）“同居不必私藏金宝”

其中除（23）条以外，都是有关财产方面相当具体的指示。即使是（23）条，其内容亦指出年长者不可横暴，而必须（各自）保有“公心”。这自然也是一种具体的指示。

后半部分引用的内容也有这种共通的倾向，即引用很多有关现实性问题的指示。由于此处无法备举17条的全部内容，因此仅举出两书共同引用的条目，即如下7条：

（34）“同居不可相讥议”

（35）“妇女之言寡恩义”

（36）“婢仆之言多间斗”

（38）“亲旧贫者随力周济”

（57）“媒妁之言不可信”（原文作“媒酌之言”。——译者注）

（61）“收养亲戚当虑后患”

（62）“分给财产务均平”

即便只看这些标题也能理解，无论哪一条都是在家族、家户、宗族彼此交往酬酢之际非常有用的生活智慧。附带一提，在前半段中，两书皆引用的（25）条是有关财产分割的条目。也就是说，两书所共同引用的上卷条目，正是一种具体的生活智慧，或所谓的实践论，而不是某种基于袁采的儒教理念的道德教训。

这种运用《世范》的方法，对袁采而言是否并非其本意呢？它本是以“厚人伦而美习俗”（刘镇序引袁采所言）的意图来作为子孙示范的教训集，同时亦可作为省略理念的实用书来理解。但是若换个角度来看，则我们会发现宋、元时代的类书编纂者们对于《世范》的两个侧面，即理念性条目或袁采的独特记述，以及现实的、实践性的条目，做了清楚的区别。而后者的实践性记述才是他们主要关心之所在。总之，一旦将其分别称之为理念部分与实践部分的话，则可以明确地确认他们考虑过两者的区别。进而其实践的部分，也就是在袁采的现实认识之中被宋末至元代的人们所追认的部分。由于从南宋到元代的时间差异不大，况且社会样貌也几乎变化不大，如此一来，《世范》记述的现实部分也就具有了相应的普适性。

总之，接着再尝试做同样的分析。有关中卷的部分。此处《事林广记》与《居家必用事类》的引用方式略有出入，两书共同引用的仅有以下 3 条：

（5）“世事更变皆天理”

（6）“人世劳逸常相若”

（11）“人行有长短”

这些所谓的人生教训，即使对当时人来说应该也是普遍的认识。此外的 25 条引用则毫无重复之处，完美地交错开来。观察这些内容，可知它们并不如上卷那样，可以明确地区分为理念部分与实践部分。想来这是因为中卷的主题即“处己”，本来就是关于自我修养的条目吧。因此随着类书编纂者思考方式的不同，自然就会对重点所在产生微妙的差异。

那么下卷又是如何呢？这里以《事林广记》两种版本引用条目的差异作为研讨的线索。两者的差异在于其中一种引用 58 条，另一种引用 50 条。于此重要的问题是，《居家必用事类》与《事林广记》两种全部引用的条目究竟具有何种特征？以下举出全部引用的题目：

（5）“夜间逐盗宜详审”

（8）“刻薄招盗之由”

（14）“致火不一类”

（15）“小儿不可带金宝”

（19）“婢仆奸盗宜深防”

（21）“婢妾常宜防闭”

（22）“侍婢不可不谨出入”

（24）“暮年不宜置宠妾”

（26）“美妾不可蓄”

（32）“顽很婢仆宜善遣”

（33）“婢仆不可自鞭挞”

（34）“教治婢仆有时”

（35）“婢仆横逆宜详审”

（49）“佃仆不宜私假借”

（50）“外人不宜入宅舍”

（67）“钱谷不可多借人”

（68）“债不可轻举”

（69）“赋税宜预办”

（73）“起造宜以渐经营”

以上共同引用者共计 19 条。

这些都涉及具体的家户管理问题，亦如前所见。在此基础上，这里特别引人注目之处在于，其中 10 条以上是关于雇佣者的问题。于此率直地说明在管理家户方面，如何处理雇佣者的问题，既是宋元时代人的共同难题，也是当时普遍性的问题。下卷所注目的正是这点。

如以上各卷内容所见，若以宋、元人引用的部分作为参照视点的话，则我们可将《世范》区别为理念部分与实践部分，并一窥其特征。《世范》能流传至现代的理由之一，果然还是在于这个实践部分。对于我们认识当时的现实和了解袁采现实认识的妥当性，这个区别可以发挥很大的作用。只是，此一区别完全是当时编纂者的产物，它既不是现代的基准，而且如后所述，它也与袁采的现实认识多少有些龃龉。不管怎样，接下来我们还是基于这样的理解来思考他的现实认识究竟是什么。

2. 理念与现实认识——对于女性的评价

关于《世范》的理念，在前述卷上开篇引用的条目中已经有所涉及。亦即，相较于在儒教德目中理应具有重要意义的“孝”“悌”而言，它重视的是更具有实践性意义的“和”与“公”。我认为袁采的判断即贯穿在守护“家”的繁荣，进而使其发展的意图之中。该立场贯穿整部《世范》而展开，因第八章也会论及，于此不赘。

这里想考虑的问题是袁采现实认识的应有状态，但此课题仍太过笼统。故在此试举他对家族内女性的评价作为一例。尽管女性的现实存在具有很大的意义，但在当时意识形态的压力下，能够被正式记录下来的机会很少。因此，考察有关问题，也就构成了解袁采现实认识的一条重要线索。

以往，陈东原曾经提起过这个问题。陈氏指出，袁采很早就对“贤母良妻”等有所认识，堪称中国史上“第一个女性同情论者”，并给予很高的评价。[8] 另一方面，伊沛霞则认为袁采虽然没有司马光、朱熹那样严苛，但他仍是将女性视为男性的从属物。她进而整理了《世范》中有关女性的记述，并将其与袁采的对应方式一并作出讨论（前揭书第四章）。只是她也并未真正展开对于陈东原论点的批判。另外，限于管见，即使是其他研究者的议论也几乎完全没有提及这个主张。也许是不想承认前近代存在着正面评价女性的知识分子？这种意图难以理解。总之我们的课题之一，就是想要重新思考陈氏对于袁采的如此评价，究竟是否妥当。不可否认，它给人一种太过于以现代基准来评价的感觉，那么我们又是怎么考虑的呢？必须有所交代，试论如下。

陈氏举出以卷上为中心的15条记载，挖掘出《世范》记录女性的诸多不同面向。陈氏认为袁采的若干见解直到今天依然有其价值，比如他对女性的“同情”。的确，众所周知，《世范》中有关女性的议论很多，其中也有足堪解释为“同情”的记载，特别像是对年老女性或年轻女子寄予同情之例。例如陈氏亦曾举出的、于卷上随后出现的条目，堪称其代表：

（59）“女子可怜宜加爱”

> 大抵女子之心，最为可怜，母家富而夫家贫，则欲得母家之财以与夫家；夫家富而母家贫，则欲得夫家之财以与母家。为父母及夫者，宜怜而稍从之。[9]

（60）“妇人年老尤难处”

> 大率妇人依人而立，其未嫁之前，有好祖不如有好父，有好父不如有好兄弟，有好兄弟不如有好侄；其既嫁之后，有好翁不如有好夫，有好夫不如有好子，有好子不如有好孙。故妇人多有少壮享富贵而暮年无聊者，盖由此也。凡其亲戚，

所宜矜念。[10]

此处所见的叙述，以当时著作来说堪称异例，（59）的“怜”与（60）的“矜”，其表现方式即对于“女子”“妇人”的“怜悯”。陈氏应是将此种表现理解为“同情”。如按此理解的话，则袁采的确属于“女性同情论者”。

然而，一旦仔细阅读其内容，则可知其并非单纯的“同情”。从上下文背景来说，（59）的“怜”带有“女子是可爱的”或“疼爱女子”的细微差异。它予人一种所谓父亲对女儿的目光这样的感觉。另一方面，（60）给人的感觉，则是一种对年老以后无人可依靠之女性的“怜悯”。对于这样的女性，诚如随后的（61）条“收养亲戚当虑后患”所指出的，在考虑他们的晚年生活时，他建议“收养”。而为了避免可能引起诉讼事件口实的嫌隙，则应谋求行“高义之事”，即在同情之余亦讲究对策。换言之，对于置身其各自境遇中的“女子”或“妇人”而言，究竟应该采取何种行动，袁采是在充分看透这点之后才发表他的感想，或是讲求周到的对策的。将这些视为单纯的“同情”，应是过多地做了现代情感性的解释。

另外，其中也留下不依循所谓男尊女卑思维方式的记录。例如卷上：

（52）“妇人不必预外事”

妇人不预外事者，盖谓夫与子既贤，外事自不必预。若夫与子不肖，掩蔽妇人之耳目，何所不至？……然则夫之不贤而欲求预外事何益也！……然则子之不贤而欲求预外事何

> 益也！此乃妇人之大不幸，为之奈何？苟为夫能念其妻之可怜，为子能念其母之可怜，顿然悔悟，岂不甚善！[11]

如上记述，这是对当时往往被低估的（尽管也有被刻意低估的方面）女性潜在能力做出的评价。在所谓女性不可外出此种理念的背后，他真正叙述的其实是只要存在能力欠缺的男性，则女性就不得不干涉外事的事实。因此他指出，丈夫与儿子应该“怜惜”妻子与母亲，并且谋求正确认识自身能力的对策。像这样强调女性潜在能力的条目，随后直接登场：

（53）“寡妇治生难托人”

> 妇人有以其夫蠢懦，而能自理家务，计算钱谷出入，人不能欺者，有夫不肖而能与其子同理家务，不致破家荡产者，有夫死子幼，而能教养其子，敦睦内外姻亲，料理家务，至于兴隆者，皆贤妇人也。[12]

如上，即承认有能力的女性的存在。接着，他把那些即使在夫死子幼的艰困处境下，仍表现出“胜过男性”的有能力女性，将其评价为“贤妇人”，这条记载弥足珍贵。

这两条条目在前述的宋、元类书中皆未引用，可知不被视为是实践的部分。这些记述大概不符合当时日用百科全书的意识形态吧。

陈东原根据前揭这种记述，将袁采抬举为“女性同情论者”。然而《世范》的记述并非全都是适合此种评价的内容。例如，在上卷也有如下陈氏未引用的记述：

（35）“妇女之言寡恩义”

人家不和，多因妇女以言激怒其夫及同气，盖妇女所见不广不远，不公不平。又其所谓舅姑、伯叔、妯娌，皆假合，强为之称呼，非自然天属。故（女流之辈）轻于割恩，易于修怨，非丈夫有远识，则为其役，而不自觉，一家之中，乖变生矣。[13]

在此他认为女性的言谈是招致家内不和的原因，并且感叹妇女的欠缺见识。这是从愁眉苦脸的袁采眼中所浮现出来的场景。他在指涉这些家内女性的时候，则以“妇女”表现之（日译原文为了表现用语的细微差异，故补入“女流之辈”）。另一方面，在评价前揭女性的记述中以“妇人”表现之，这似乎是一种大致对应的用语区别。同样地，在上卷的其他条目中也曾言及女性没有“远识”：

（58）“因亲结亲尤当尽礼”

人之议亲，多要因亲及亲，以示不相忘，此最风俗好处。然其间妇女无远识，多因相熟而相简，至于相忽。遂至于相争而不和，反不若素不相识，而骤议亲者。[14]

如上，他批判的是在亲戚之间结亲时女性的做法。此处的女性们因为彼此熟稔反而轻忽了礼节，结果招致纷争。这恐怕是基于袁采的亲身经验或听闻相近的实例，所做出的批判。陈氏虽也引用这条，但却拿掉了责备女性的部分，没有引用。这两条在宋、元类书中也有引用，因而大概符合当时的意识形态。

袁采对于女性的这种观察有其独特之处。特别值得一提之处在于，他并不拘泥于意识形态，而是仔细正视那群生存于现实之中的当时的女性。这是无法单纯地以现代的基准来做出评价的。他只不过是一面承认女性的潜在能力，一面又对所谓没有“远识”的女性表露出一般性的批判。这表示，他理所当然不可能跳脱宋代的历史性制约，从而没有理解女性所处的差别待遇处境。

无论如何，对于袁采的冷静观察，还是有必要做出正面的评价。如前所见，他从某种意义上将父兄与子弟视为是对等的，与此类似，他对男女的观察也是相当平等的。这应该意味着，他对现实采取的是一种相当客观的视点。例如，他也明确地承认人类的欲望。在中卷：

（47）“礼仪制欲之大闲”

> 饮食人之所欲，而不可无也，非理求之，则为饕为馋；男女，人之所欲，而不可无也，非理狎之，则为奸为淫；财物，人之所欲，而不可无也，非理得之，则为盗为贼。……君子于是三者，虽知可欲而不敢轻形于言。[15]

他举出食欲、性欲与物欲，在明示其基础的前提下，指出抑制这些欲望的礼仪是必要的。据说朱子也曾认可“欲”的“存在必然性与积极性价值”，[16]但看来对此问题着墨不多。然而袁采对此的观察却是冷静地予以揭露。在这种观察的基础上，他有时甚至连“国家法令”也加以批判。下卷：

（40）“求乳母令食失恩”

> 有子而不自乳，使他人乳之，前辈已言其非矣。况其间求乳母于未产之前者，使不举已子而乳我子。有子方婴孩，使舍之而乳我子，其已子呱呱而泣，至于饿死者。……士夫递相庇护，国家法令，有不能禁，彼独不畏于天哉！[17]

如上，他准确地认识到了身为乳母的女性的悲惨境遇，并指出法令也无从对其伸出援手的缺陷。尽管乳母的境遇确实悲惨，但他关注的焦点是国家处置的不恰当。这里应该已经暗示了袁采的观察所及之处。这样看来，与其说他是对女性的“同情论者”，不如说他只是客观而冷静地看透了包含女性在内的现实，在这个意义上来说，不如说他是一位“现实主义者”。

即便是女性以外的主题，袁采也同样关注现实。只是这里没有进一步讨论的余裕。我们在确认其观察的准确性后，也就必须承认他对宋代现实记录的真实性和准确性了。

结语

以上考察《世范》史料的特征，确认了这一点：袁采认识现实的方式，即便在当时也有其独特之处。可以说，我们已经充分厘清了迄今为止作为研究史料来加以利用的《世范》的特性，以及它的记述的可信赖性。只是，究竟袁采为何会对现实采取如此冷静透彻的观察？在本文的研讨中尚未做出充分说明。他的个人资质当然也起到一定作用。不过就另一方面来说，当我在阅读这个时代的史料时，屡屡感受到宋代知识分子对于现实社会的关怀，相较于其前后时代的人来说更为积极。《世范》正是反映此点的绝佳事例，但我们对此仍未获得根源性的理解。这将是今后研究的重大课题。

注释

1　“高使用频率文字、用语一览表”：

	上卷 /65 条	中卷 /68 条	下卷 /73 条	小计	计 /206 条	分类
“争”类	20	8	12		40	III
“讼”类	13	12	14		39	III
破家	14	12	6		32	III
“天”类	4	8	6	18		IV
造物（者）	1	4	0	5		IV
神	1	6	0	7	30	IV
“和”类	8	3	1	12		I
不和	12	0	0	12	24	II
公	6	5	1	12		I
不公	2	1	0	3	15	II
孝	7	3	0	10		I
不孝	4	0	0	4	14	II
爱	12	0	0		12	I
恩	3	5	3		11	I
“平”类	6	0	1	7		I
不平	2	2	0	4	11	II

另外，此表省略了细部的注释。盖若参照本文应即可以理解之故。

2　《袁氏世范》卷上，“性不可以强合”。

3　Patricia B. Ebrey, *Family and Property in Sung China: Yüan Ts'ai's Precepts for social life*, Princeton University Press, 1984, pp.72-73.

4　《袁氏世范》卷中，“性有所偏在救失”。

5　《袁氏世范》卷中，“人行有长短”。

6　陈智超，《〈袁氏世范〉所见南宋民庶地主》，载于《陈智超自选集》，安徽大学出版社，2003。

7　《袁氏世范》卷下，“宅舍关防贵周密”。

8　陈东原：《中国妇女生活史》，上海商务印书馆，1937 年初版，他在第六章的宋代妇女生活史中花费一整节来论述这点。

9 《袁氏世范》卷上，“女子可怜宜加爱”。

10 《袁氏世范》卷上，“妇人年老尤难处”。

11 《袁氏世范》卷上，“妇人不必预外事”。

12 《袁氏世范》卷上，“寡妇治生难托人”。

13 《袁氏世范》卷上，“妇女之言寡恩义”。

14 《袁氏世范》卷上，“因亲结亲尤当尽礼”。

15 《袁氏世范》中卷，“礼仪制欲之大闲”。

16 关于这点，可参考例如马渊昌也的研究：《十三至十五世纪士大夫思想中关于“欲”的理解》（〈一三～一五世纪の士大夫思想における“欲”の把握をめぐって〉），载于大岛晃、有田和夫编《朱子学的思维》，汲古书院，1990。

17 《袁氏世范》下卷，“求乳母令食失恩”。

第八章

宋代士大夫“兴盛之家”的防卫对策

前言

如同至前章为止所确认的，袁采是一位现实主义者，他不受限于意识形态的偏见，而是拥有客观地透视现实的资质。《世范》就是明确反映此点的、具有个性的著作，从而将“家”的存续设定为一个切实的课题。在本章中，我们也将同时参照其他史料，重新详细地分析此一“家”的存续战略。

一、关于中国历史上的家

袁采在《世范》中写道：“贫富无定势，田宅无定主。”[1] 贫富阶层之间的移动是流动的，土地、屋宅的所有者不是一定的。如此语汇，表明的是宋代社会阶层流动的激烈，抑或日益变得激烈。作为流动的具体内容，他指出在土地与家的方面，看不出永续性。对于当时出现的高度流动性的社会，他有亲身的感受。对此，研究其著述的陈智超也指出，宋代的特质之一即“地主的土地所有权很不牢固，土地所有权的转移非常频繁”。[2] 如此一来，在考察家的存续问题时，最初有必要先确认关于家的历史状态。

首先是构成家的家族规模及其形态问题。如同论者经常指出的，构成中国社会基础的家族在历史上是以两代的小家庭（核心家庭）占压倒性的多数。在我以往的研究中，亦指出唐宋时代家庭成员之平均数量为两代、四到六人。一方面，从战国以降“五口之家”即不断延续的认识来看，这是一个妥当的数值。[3] 另一方面，同样的家庭规模持续到了清代，甚至更进一步说，也持续到现代。换言之，中国社会自古代以来即一贯地以五人左右的小家庭作为主体。

然而另一方面，从意识形态与理念的角度来说，则大家庭（常以“共同体家族”“扩大家族”等称之）[4] 又是受到奖励的。其模范案例不仅被记载于史籍之中，同时也享有知识分子群体的赞誉。另外，对中国人而言，“四世同堂”（四世代同居）据说是幸福的象征，“多子多福”也是人们祈求的愿望。这种社会普遍意识的存在，恐怕正是导致人们产生误解之根源——人们误将中国社会视为是大家庭制度，并将大家庭视为是父权制下的本家。

确实，若举出历史上的事实，则在唐律里头也有明确禁止“别籍异财”，亦即禁止父母在世时兄弟分家的规定。就所谓法律的意识形态而论，即鼓励双亲与儿子们的家庭同居。在所谓大家庭中共同生活，作为理念是受到奖励的。人们究竟在多大程度上遵守“别籍异财”的禁令？极为可疑。倘若无视这点，则法律的确提供了一个大家庭制度优先的环境。

然而现实是不同的。在中国史上持续不断的，是由少数理念色彩浓厚的大家庭与现实中占压倒性多数的小家庭两者所共同组成的社会。这是理念与现实的乖离，抑或两者的奇妙组合。

还有一点，即有关中国的家的特质。此即家的概念。滋贺秀三指出，中国的家是一种“共有家系或家计的人们，其观念性或现实性的集团，以及支撑其集团生活的财源的总体”，[5]这是从法制史立场出发，超越时代性且属一般化场合下的定义。就算家族集团和家产是家的主要要素，但历史上具体的家的形态，当然还有其本身特有的面貌。家族与家产也会随着历史进程而持续变化，这点自不待言。但是这里没有详细讨论的余裕，而这对本文论旨亦非属必要。只是，滋贺基于前述定义所提出的下列主张，值得注意。亦即，在中国传统的思考方式中，真正重要的不是维持个别的家，而是不能让子孙从祖先那里继承而来的“气”的谱系断绝。因此子孙执行对祖先的祭祀，这点正是“孝”的实践。唯因“气”是儿子承继自父亲之物，故对男子而言，兄弟、嫡庶并无差别。由此遂孕育出所谓家产“男子均分”的概念。因此中国的家没有必要像日本那样必须由长子继承，且须维持特定之家的存续，而是只要继承祖先之“气”的儿子们能够繁荣兴盛，就已足够。由男性所继承的血统连续，此即家的继承。滋贺认为在整个“帝制时代”的中国，始终贯彻着这样的思维方式。唯唐代以前的史料仍有不明确的部分，今后尚有必要进行研究，至于宋代以后则可说这已经成为明确的理念了。本文所谓“家”的词语，就是在这个意义上来使用的。

那么在这样的社会之中，家的存续又是怎样被认识的？又是怎样得到维持的呢？本章的目的正是以《世范》作为主要题材，尝试考察这个问题。

二、家的存续

关于中国历史上的家很难持续这点，已如前述。此外，在前引拙著中亦曾论及唐宋时代的事例。[6]这里以此考察内容为主并增添新的事例，铺陈如下。

在以往一般的认识中，“男子均分”制普遍被视为是导致特定的家很难存续的主要原因，这是不折不扣的事实。反过来说，倘若每个世代只有一位男性的话，则其家也有可能长期存续。明版的《名公书判清明集》中也保留下这类家族的例子。例如，我们观察卷六题为“争田业”的判决文，其中提及闾丘氏的家系，[7]到了引发诉讼的闾丘辅之及其子的时代为止，其家系至少已经持续了六代、130年以上的时间。尽管导致家系得以长期存续的详细原因不明，但有一件事实是可以确定的，那就是他们的每个世代都仅有一位男性，且该男性恰好也都有留下儿子。因此，其家之家产没有被均分，并以一种与长子继承制相同的方式延续下来。

除“男子均分”以外，还有其他导致家无法存续下去的原因。例如，我曾尝试分析唐宋时代的小说史料，结果显示上流、庶民阶层的子女数量平均为2～3人，至于没有子女的家庭或只有1～2人的家庭也很多。[8]这恐怕是预料到将来的家产分割，因而采取生育限制的结果。没有子女的情况自是如此，至于没有男性的情况，同样很难维持其家的再生产。再者，在男性数量不多的情况下，从生育率来思考，则家的继承一样也会变得很不安定。可想而知，在激烈的生存竞争等因素作用下，即使身为上流阶层，却在短时间内就没落，这样的家庭也很多。但是另一方面，在经济上取得成功从而逐步爬升的家也很多。如此一来，上流阶层的内部构造遂不停变化，并且维持了一个流动性很高的社会。

如进一步从《清明集》的判决内容来探讨家族实际形态的变化，就会发现家族成员数量随着时间进程而逐渐减少的例子占了相当的比例。其中，因死亡而减少的数量多于因结婚、出生而增加的数量，于是其结果便表现为家族的衰退。当然，由于这些例子主要是因财产问题或继承问题而陷入纷争的家，他们当然属于上流阶层的家庭，[9]因此不能将此视为当时社会的一般性倾向。但是，若就那些不能忽视的比例而言，我们仍能确认当时存在着逐步衰退的家族。

以上所确认的是，唐宋时代特定之家的持续相当困难，我认为这点即便在其后的时代基本上也没有改变。论者亦指出，与同时期中国“法共同体”的缺失作为问题一体两面者，正是家的自立、自律性的微弱程度。[10]只是在此应该补充的是，所谓家的持续很困难这个事实，并非代表人口减少之意。在明代以前历史上的核心地区（黄河、长江流域）中，撇除短期变动不论，总体上来说人口没有变动。虽然欠缺足以详细说明其构造的材料，不过总体来看，一方面是因理念或者财富积累所构成的大家庭始终不绝如缕地形成，另一方面，因其分解而来的小家庭也同样在持续不断地产生。当然，小家庭亦有其自身的再生产。这些家庭于是与绝家、衰退的家庭取得了一种平衡。

这种流动性的社会，以所谓“唐宋变革期”为分界，变得更加明确。至此为止的门阀社会已然消逝，新出现的是凭借实力说话的社会。宋代士大夫们也已经认识到这种动向。他们对此采取的对策之一，即政治联姻。他们的想法是与具有光明前途的男性结为姻亲关系，借由他们的出人头地来繁荣自家，进而谋取自家的存续。这样一来，只要争取科举及第者作为女婿候选人即可，人们遂将此种风潮称为“榜下择婚（在科举及第者的公布场所选择女婿）之风”。论者视此为与唐代不同的、宋代婚姻的特征之一。[11] 人们不再只关注门阀，而是优先考虑本人的实力，这样的婚姻逐渐成了当时的常态。只是，这究竟在多大程度上与家的存续有关？亦难以深入追究。

整体来看，带有维持家的存续这种意识的对策，大致可分两种方向。其一是在对男子施以切实教育的前提下（当然大前提是确保包含养子等在内的男子的教育），亦可说是在遵守均分原则的前提下，去追求家的维持。袁采大致就是沿此方向进行思考。另外一种则是从正面否定均分继承，并且全面地禁止家产分割，故称之“累世同居”。再者，还有不到那么严格的地步，仅是不分割一族共有财产（族产、义田、义庄等）地集居，则称之“宗族（男系亲族）集结”。此时会订定规约，并以一个相互扶持的集团来维持经营。只不过，与其说是家，倒不如说是宗族的存续。经常举出的典型例子，是从 11 世纪中期的范仲淹开始，一直延续到 20 世纪为止的范氏义庄。对此的相关研究很多。请参考远藤隆俊、小林义广的研究和学说整理。[12] 宗族集团即使有世代交替，也不分割族产，并以分派任务等方式来共同经营。以土地收益为主，来负担族人扶养、祖先祭祀，乃至子弟教育或婚姻、葬仪等活动的费用支出。宗族就是借由这些方法来维持下去。在迄今为止的宋代研究中，可以举出约 68 个“宗族义田”的例子。[13] 此后，宗族集结的动向朝着华南地区逐步扩展，即使到了现代，其复活、重新评价的动向依然强劲。[14]

由此看来，在考虑家族防卫、存续的材料方面，我以为举出

“累世同居”或“宗族集结”的问题可能是比较合适的。然而自不待言的是，这些是血缘集团的问题，因而与个别的家属于不同层次的问题。另外，其地域以江南为主，再以宋代的时间点来看，长期延续的宗族很少。更重要的是，要持续维持前述那种集团系统相当不容易，而其主要原因之一就是族内引起的种种纷争。如后述袁采的记录所示，要防止这种纷争相当困难。他为了避免家族同居方面的纷争，强调“和”的重要性。《世范》开头引用孔子的话，就是以善待父母、不使家内起风波作为“和家要术”。[15]同时，为了保持和，他告诫人们必须留心分配等方面的公平。这些反过来说，恰好说明了保持集团生活之和的困难性。无论大家族同居也好，宗族集结也罢，他们所抱持的矛盾应该是共通的。

以上所见是有关宋代家庭存续的状况。尽管随既定条件不同多少会有所差异，但特定的家要维持长期存续仍是困难的。话虽如此，士大夫们也并非只是对这种状况袖手旁观，而是提出了相应的对策。只是就大局来看，其效果有限罢了。在这种情况的基础上，我们接着就尝试具体地探索他们的意识。这绝非只是形式上敷衍的理解，而是要充分了解当时士大夫们内心深处的苦恼与纠结。接着就将目光转向《世范》。

三、袁采的教训

1. 宋代的家训类

在中国历史中的家训类作品，现存最早的著作是颜之推（531—591）的《颜氏家训》，赓续其后的正是宋代以降的家训。这些著作本来的撰写目的即是促进家族、宗族或乡村社会的教化，因而在图书分类上被纳入子部儒家类之中。因此，其中阐述儒家道德实践之处很多，且十分强调对礼的遵守。最著名的是北宋司马光的《家范》，他在此书中引用古典，并解说了建立家族关系的秩序等道德实践的问题。此书在当时士大夫之中享有很高的评价，普遍被认为是一部模范著作。于是我们在思考家的存续问题时，也就有可能以《家范》这种所谓主流的家训类作品来当作题材。然而必须注意的是，奖励儒家道德的家族是大家族，而在大家族的共同生活方面，则十分强调礼。如前所述，这与中国社会的现实之间有着相应的距离。以此为基础所作的分析，难免带有过于浓厚的理念性色彩。

话虽如此，但宋代以降留下了许多家训类的著作，这个现象本身即有其历史意义。从某个角度来说，这是在唐以前所谓的贵族制已然崩坏，新的社会正在诞生之际，谋求与以往异质的社会秩序或新型组织的结果。值此之际，引人注意的是作为传统的理念型而残存下来的宗族。此点诚如佐竹靖彦发表的个案研究所示，“义门的成长”带有一种“凭借意识性努力而集结”的特征。[16]将此种宗族理念成功地转移至实践的例子为数不多，如前述的范氏义庄即是，而家训类作品就是在这样的时代背景下被创作出来的。

我们的课题之关键在于使用这些史料的方式。如果就这样直接阅读的话，尽管有可能陷入理念的议论之中，但随着使用方法的不同，亦有可能将其转化为探索士大夫意识的史料。例如，臧健以宋元时代的家训类作品为主，讨论了家族内的性别认识。[17]臧氏将家训类的记述进行分类，进而整理了在家庭内部各种场合下的男女性别认识。又如绪方贤一也分析了日常伦理。[18]那么，作为本文课题的家之存续问题又是什么样的呢？为此，我们有必要明确地区分家训类的理念性部分与现实性部分，并谋求以后者为材料来考察问题。

2.《世范》的主张

至此所见，在宋代的家训类作品中，一方面既保有理念性的色彩，另一方面又展现出更具现实性之主张的，正是《世范》。正因其记述的现实性，迄今为止屡屡被作为社会经济史的史料而得到引用。确实，对于在家庭生活等现实的场域中究竟应该建构什么样的人际关系，袁采以一种浅显易懂而又仔细的方式进行了叙述。但是，若据此以为他的意图只是传递浮于表面的理念而已的话，就很有可能忽略了关键之处。对他来说，其实还有更现实的目标。此点在第六章中已简单提及，在此想要加上袁采的记述，稍微更进一步做详细的确认。

如前所述，他反复不停地强调“和”在家族、宗族内部的重要性。例如《世范》开头有一条指出：

> 人之至亲，莫过于父子兄弟。而父子兄弟有不和者，父子或因于责善，兄弟或因于争财，有不因责善争财而不和者，世人见其不和，或就其中，分别是非，而莫名其由。盖人之性，或宽缓，或褊急，或刚暴，或柔懦，……所禀自是不同。父必欲子之性合于己，子之性未必然；兄必欲弟之性合于己，弟之性未必然。其性不可得而合，则其言行亦不可得而合。此父子兄弟不和之根源也。……孔子曰：“事父母几谏，见志不从，又敬不违，劳而不怨。”此圣人教人和家之要术也，宜孰思之。[19]

在此，他借由指出即便是血缘关系极为亲近者之间也难以避免不和，来强调如何达成和的境界。其方法即试着去承认彼此的“性”。此处的“性”不易翻译，大致指涉的是生而有之的性格与个性之意。承认此点的思维方式，遂与那种遵守长幼秩序、所谓下位者必须服从上位者的儒教性秩序原理,表现出不同的方向。这种让父子兄弟超越上下关系，以取得更充分之相互理解的，正是所谓“和”的主张。这正是不受儒教理念拘束的袁采主张之基调。如后述关于同居的场合，其构想也是相通的：

> 兄弟、子侄同居，长者或恃其长，凌轹卑幼。……必启争端。或长者处事至公，幼者不能承顺，……尤不能和。若长者总提大纲，幼者分干细务，长必幼谋，幼必长听，各尽公心，自然无争。[20]

据此，他劝诫同居宗族内的同辈长者与幼者应协力合作，以谋求长幼之和谐。只是此处要附带一提的是，袁采并未否定对于父母的“孝”或“孝义”。他应该是在劝“孝”，例如：

> 人之孝行，根于诚笃，虽繁文末节不至，亦可以动天地、感鬼神。尝见世人，有事亲不务诚笃，乃以声音笑貌，缪为恭敬者，其不为天地鬼神所诛则幸矣，况望其世世笃孝而门户昌隆者乎。苟能知此，则自此而往，应与物接，皆不可不诚。有识君子，试以诚与不诚者，较其久远效验孰多？[21]

如此处所说，他认为应持诚心，亦即以真心来尽孝行。固然此条文的重点在于“带有诚心”，但劝人尽孝这点也是毫无疑问的。袁采想法的特征在于，在认同孝行这种道德时，他并非强迫人们遵守，而是强调以相互认同为主。

进而，为了不流于单纯的说教，袁采还提示了现实性的证据以增进说服力。他主张一家之繁荣，最终正是系于“和”之实现。例如以下的记述：

> 兴盛之家，长幼多和协，盖所求皆遂，无所争也。破荡之家，妻孥未尝有过，而家长每多责骂者。……[22]

据此，他对比了“兴盛之家”与“破荡之家”，并主张为了实现前者，“和协”十分重要。此种伦理的实践可以带来家的繁荣，或从某个角度来说，它可以带来繁荣自家与自己一族的实际利益。反过来说，它也是“威胁”，若不去实践这种伦理的话，即有可能导致“破荡之家”的结局。

这里明白显示出，他的主张与围绕家之存续的危机感，实为一体两面之物。一个家族走向繁荣抑或破灭的分岔点，即与是否遵守他所提示的伦理与教训密切相关。那么，家的破灭具体来说又是沿袭何种形式而来的呢？在考虑这个问题之前，我们应先确认袁采认为“家”究系何物。如第七章中所见，整理《世范》记述的词汇，可知“家”就是家庭、宗族、雇佣者等构成人员，以及家屋、田产等资产。换言之，他所设定的“家”系由家庭与非血缘者共同构成的“家户”，以及其全部资产所组成。我们稍微更详细地检视这点。

首先，在家庭、宗族“同居”的范围内，他以“兄弟”“兄弟子侄”“父兄子弟”等称之。当然，其血亲、配偶也包含在内，因此父母、子女及其妻子亦属基本。这种“同居”有两种形态。其一是由三代以上的多对夫妇所组成的，所谓“累世同居”的大家庭。袁采以“兄弟义居”来表现此种集居形态的家庭：

> 兄弟义居，固世之美事。……顾见义居而交争者，其相嫉有甚于路人。前日之美事，乃甚不美矣。故兄弟当分，宜早有所定。兄弟相爱，虽异居异财，亦不害为孝义。一有交争，则孝义何在？[23]

据此所述，兄弟同居作为“义居”，普遍获得人们的赞赏。袁采虽也支持义居，但他同时也点出了维持义居的困难。结果，他认为兄弟即便分居，但在实践“孝义”这点上面并无任何妨碍。尽管他劝诱同居，但是认为解决现实引发的问题才是优先要务。

另一种形态是宗族的集居。其表现为“兄弟子侄有同门异户而居者”［上卷（29）“众事宜各尽心”］，或是“兄弟子侄隔屋连墙”［上卷（35）“妇女之言寡恩义”］。即便只看这些文句，亦可理解他们并非同住于一间房子里，而是在同一块用地上集居的数个家庭，各自按户别经营其生活的形态。又如其间“中庭”所示，也有称作“众事”的共有地。如以下所述：

> 兄弟子侄有同门异户而居者，于众事宜各尽心，不可令小儿、婢仆有扰于众。虽是细微，皆起争之渐。且众之庭宇，一人勤于扫洒，一人全不之顾，勤扫洒者已不能平，况不之顾者又纵其小儿婢仆，常常狼藉，且不容他人禁止，则怒詈

失欢多起于此。[24]

据此，这个家族系以保有中庭的集合住宅形态来居住。我们可以说，并非大家庭，而是数个家庭的集合体，才是前述宗族集居的原始形态。进一步阅读记述内容，可知此家中也存在着“婢仆”等雇佣者。在别的条文中又称之为奴婢、仆、乳母等。再者，在卷下也有（48）“存恤佃客”、（49）“佃仆不宜私假借”等条文，阐述了对农业劳动者的关照。而关于对此家户来说，使其能居住，并且支撑其生计的家屋、田产等物，袁采也留下了注意防盗或管理雇佣者的记述：

> 人之居家，须令垣墙高厚，藩篱周密，窗壁门闩坚牢。随损随修，如有水窦之类，亦须常设格子，务令新固，不可轻忽。……以启盗者有闲矣。且免奴婢奔窜，及不肖子弟夜出之患。如外有窃盗，内有奔窜及子弟生事，纵官司为之受理，岂不重费财力。[25]

据此可见，实际上他相当琐碎地叙述了防盗上的应注意之处。不只家的防盗，对雇佣者和家中年轻人的管理，也是家长的重要任务。甚至，为了避免受到强盗危害，也有必要预先考虑平日的生活方式，如下所述：

> 劫盗虽小人之雄，亦自有识见。如富家平时不刻剥，又能乐施，又能种种方便，当兵火扰攘之际，犹得保全，至不忍焚毁其家，凡盗所快意于焚掠污辱者，多是积恶之人。富

家各宜自省。[26]

类似这样，不论物理性的还是精神性的、几乎近于神经质的思虑方式，正是《世范》记述的特征之一，也是反映作者观察现实眼光之锐利的产物。总之，这些条文集中性地展示出家长任务之一端，即在于对家庭和资产，易言之即对于家的管理。而所谓家的危机，就不仅是血统存续的危机，而是包含盗贼、火灾等物理性危机在内的整体性危机。如何避免这些危机，《世范》里头充满了各式各样的叮咛。

尽管家的危机也包含盗贼等物理性因素在内，但这不是袁采的主要关心所在。我们试着更仔细地检视一下家的危机。若将其逻辑单纯化，可得出以下结果。首先，家庭、宗族内的“不和”或“争执”会发展为诉讼案件。此一诉讼会耗费大量的费用与时间，而其最终只会导致家的破灭。这里表现出一种中国社会的特征：当家的内部对立在宗族或乡村社会中无法解决时，于是往往就会进入国家审判的场域。

我们再根据《世范》的记述，来确认其危机的逻辑。家的危机，即演变至袁采所谓“破家”地步的模式大致有二。第一，自不待言就是族内的纷争。除前揭上卷（29）的条文之外，也有如下这样的叙述：

兄弟、子侄同居，至于不和，本非大有所争。由其中有一人设心不公，为己稍重，……或众有所分，在己必欲多得。其他心不能平，遂启争端，破荡家产。[27]

在此，同居者无法持有“公平之心”这点就构成了纷争的源头。他因此劝诫人们戒除利已之心，这也是有道理的。然而作为现实问题，还是会有必须分割财产的时候。如此一来，情况就会变得十分严重：

> 朝廷立法，于分析一事，非不委曲详悉，然有……（各种情况——后述）官中不能尽行根究。又有……其同宗之人必求分析。至于经县、经州、经所在官府累十数年，各至破荡而后已。[28]

类似情况于是演变成同族内部的纷争，以致诉讼。这里所谓的“各种情况”如下所述：

> 又有果是起于贫寒，不因父祖资产，自能奋立，营置财业。或虽有祖宗财产，不因于众，别自殖立私产，其同宗之人，必求分析。至于经县、经州，经所在官府累数十年，各至破荡而后已。……又岂不胜于连年争讼，妨废家务，及资备裹粮，与嘱托吏胥，贿赂官员之徒费耶！……苟能知此，则所分虽微，必无争讼之费也。

即使是自力经营所得的财产，也会在毫无任何根据的情况下被要求分产，从而引起骨肉之争，这里叙述的正是如此不讲理的现实。袁采点出了长期诉讼最终只会耗尽家产的事实，以及诉讼费用的内情。尽管这完全是让人难以理解的诉讼，但在先前引用的《清明集》之中，也记载了数个这样的例子，说明这是当时不容否认的现实。[29] 也就是说，无论理由为何，总之对于任何可能成为周遭目标的行动，都应保持谨慎戒备，这正是《世范》的主张。特别是像财产分割这种重要的问题，更是必须力求公平：

> 多将财产均给子孙。若父祖出于公心，初无偏曲，子孙各能戮力，不事游荡，则均给之后，既无争讼，必至兴隆。……欲保延家祚者，鉴他家之已往，思我家之未来，可不修德熟虑，以为长久之计耶。[30]

中间省略之处，则是举出由于感情问题致分配不公的例子。不任由私情摆布，而是公平地分配财产，以杜绝诉讼，这才是家得以存续的关键。家庭或宗族内部的不平、不和一旦引起诉讼，就会导致家的破灭。另外，在撰写遗言方面他也有以下叙述：

> 遗嘱之文，皆贤明之人，为身后之虑。然亦须公平，乃可以保家。如劫于悍妻、黠妾，因于后妻、爱子，中有偏曲厚薄，或妄立嗣，或妄逐子，不近人情之事，不可胜数，皆兴讼破家之端也。[31]

家庭内有各式各样的情况会妨碍遗产的公平分配，其结果就是家内的不和，接着从诉讼走向破灭。袁采看透了这点。他不断重申的正是如何去避免这种危机。虽然这是所谓保守的态度，但为了家的存续，无论如何都不能在自家人之间引起风波，并且必须确保家庭与宗族内部的安定。

第二个问题是子弟的品行。袁采引用如下的时谚：

谚云：莫言家未成，成家子未生；莫言家未破，破家子未大。[32]

据此所言，当时一般人普遍认识到，子弟手中握有使一家兴隆或破灭的关键。袁采用自己的话对这点做了如下表述：

起家之人，见所作事无不如意，以为智术巧妙如此，不知其命分偶然，志气洋洋，贪取图得。又自以为独能久远，不可破坏，岂不为造物者所窃笑。盖其破坏之人，或已生于其家，曰子曰孙，朝夕环立于其侧者，皆他日为父祖破坏生事之人，恨其父祖目不及见耳。前辈有建第宅，宴工匠于东庑，曰此造宅之人。宴子弟于西庑，曰此卖宅之人。后果如其言。[33]

在此认定子弟正是家的破坏者。子弟、子孙破坏家的方法，具体来说如下所述：

凡富贵之子弟，耽酒色，好博弈，异衣服，饰舆马，与群小为伍，以至破家者，非其本心之不肖，由无业以度日，遂起为非之心。[34]

此即所谓“恶事”。在既富且贵的福禄之家中，父祖费尽心血才打造出来的家与财产，在子弟堕落后转瞬即灭。这里可以窥见上流阶层所抱持的不安定感。正是如此，这条才会劝说应使子弟有工作。至于劝戒酒色、赌博，在其他条文中也曾反复出现。

另一方面，如“子弟须使有业”，[35]或是从学问乃“所谓无用之用”来劝告子弟“不可废学”等，[36]可见袁采对于子弟教育的考虑十分详细，而且现实。再者，有关子弟资质方面，他甚至论及养子之道，指出将子嗣送给他家的情形其实关乎将来，故须十分注意：

> 多子固为人之患，不可以多子之故，轻以与人。须俟其稍长，见其温淳守己，举以与人，两家获福。如在襁褓，即以与人，万一不肖，既破他家，必求归宗，往往兴讼，又破我家，则两家受其祸矣。[37]

愚昧的子弟会对其他人家造成困扰。子弟的品行是对一家将来造成重大影响的要素。

为了使到目前为止的主张更具有说服力，他必须解释其与现实之间的矛盾。例如，现实中也存在着明明做尽坏事，却又繁荣兴盛的家。看到这种情形，自家那些被强迫节制欲望的子弟们，当然也会心生不满。如何才能说服他们？袁采抬出的是绝对性权威，即“天”的超越性存在。它会观察人类的行为，且最终会对恶事给予惩罚。这里导入的是“胁迫”的逻辑：

> 人有所为不善，身遭刑戮，而其子孙昌盛者，人多怪之，以为天理有误。殊不知此人之家，其积善多，积恶少。少不胜多，故其为恶之人身受其报，不妨福祚延及后人。若作恶多而享寿富安乐，必其前人之遗泽将竭，天不爱惜，恣其恶深，使之大坏也。[38]

在这里，天会去比较“前人所剩恩惠”之多寡，亦即比较“积善”与“积恶”。若前者较多则子孙也会繁荣。然而“积善”一旦用尽，也就无可挽回了：

> 居乡曲闲，或有贵显之家，以州县观望而凌人者；又有高资之家，以贿赂公行而凌人者。……如此之人，惟当逊而避之，逮其稔恶之深，天诛之加，则其家之子孙，自能为其父祖破坏，以与乡人复仇也。……大抵作恶而幸免于罪者，必于他时无故而受其报。所谓天网恢恢，疏而不漏也。[39]

像这里所说的，做恶事的家庭迟早会遭到“天”的惩罚，从而灭亡。一个家无法存续下去的理由之一，就是家庭成员或子弟所做的恶事，这正是天罚。

看完了《世范》有关家的主张之要点。袁采祈求家的维持与永续，并将其教训遗留给子孙。尽管个别条文乍看零散纷乱，唯若细究其逻辑，则是合乎道理的。

结语——防卫对策的效果

袁采生存的南宋时代，正处于所谓“唐宋变革期”的最终阶段。尽管变革绝非已然终止，但这仍是一个大变动姑且止息的时代，是一个新秩序开始形成的时代。另一方面，西北诸民族活动的蓬勃持续给宋朝带来巨大的压力。宋王朝的命脉休止，也只是时间的问题。在如此激荡动摇的时代背景下，自然会激起此间营生的人们对于家的继承，亦即对于“气”的继承的深刻不安。这种危机感必然会促使士大夫们祈求子孙繁荣的心情益发强烈。为此，他们思考了各式各样的策略，并且加以实践。留给子弟教训是其中的方式之一，袁采正是代表这种风潮的作者之一。他为了避免家庭、宗族内部的纷争并守护家（的存续），写下这样的主张：内部调和优先于任何事情，还有必须十分注意家庭成员或继承家业的子弟之品行。他也指出，凡此类行为皆受到天的监视，从而隐含有威胁的成分。也就是说，他为了使子孙能在这种流动的现实之中生存下去，无论是实利也好，绝对性权威也罢，他动员了一切要素以尝试去说服。我们可以将此评价为为了防卫自己的“兴盛之家”所采取的策略。

这种属于他个人的主张，即便对后世人们而言也带有十分适用的普遍性。其《世范》一书不仅在中国，连在日本也持续获得广泛阅读。它正是有着如此巨大影响力的一本著作。只是袁采的子孙究竟接受到何种程度？是否真正实践了？这些都难以确认。据说他的次男与外甥皆获得进士，[40] 而有关其后的发展，很遗憾，已无从得知详情了。

注释

1　《袁氏世范》卷下（64）“富家置产、当存仁心”。

2　陈智超：《〈袁氏世范〉所见南宋民庶地主》，载于《陈智超自选集》，安徽大学出版社，2003，第 319 页。

3　大泽正昭：《唐宋時代の家族・婚姻・女性》，明石书店，2005。

4　家族分类方面，有各式各样的称呼。例如，埃马纽埃尔・陶德（Emmanuel Todd）称之为“共同体家庭”者，濑川昌久则称“扩大家庭”，两者所指内容是相同的。参考拙著《唐宋时代的家族与女性》（〈唐宋時代の家族と女性〉），载于《中国史学》15 卷，2005。

5　参考滋贺秀三:《中国家族法の原理》, 创文社, 1967, 第 53 页。

6　参考大泽正昭《唐宋時代の家族・婚姻・女性》，第四章《衰退的家族》（〈衰退する家族〉）等。

7　因原文太长，此处无法赘引。日译请参照以下两种译注本：梅原郁译注的《名公书判清明集》（同朋舍，1986）；高桥芳郎的《译注〈名公书判清明集〉户婚门》（创文社，2006）。

8　关于这部分，参阅拙著《唐宋時代の家族・婚姻・女性》第三、第四章。

9　关于这点，请参考本书第一部第一章。

10　参考足立启二：《专制国家史论》，柏书房，1998。

11　张邦炜：《宋代的“榜下择婿之风”》，载于《宋代婚姻家族史论》，人民出版社，2003。另外，这与《婚姻与社会——宋代》（四川人民出版社，1989）的第六、第七章旨趣相同。

12　参考远藤隆俊：《关于宋代“同族网络”的形成——范仲淹与范仲温》（〈宋代における“同族ネットワーク”の形成——范仲淹と范仲温〉），载于宋代史研究会编，《宋代社会的网络》（《宋代社会のネットワーク》），汲古书院，1998；小林义广：《宋代宗族研究的现状和课题：以范氏义庄为中心》（〈宋代宗族研究の現状と課題——范氏義荘を中心に〉），载于《名古屋大学东洋史研究报告》25 号，2001。

13　王善军：《宋代宗族和宗族制度研究》，河北教育出版社，2000。另外，近年的研究有井上彻、远藤隆俊：《宋明宗族研究》（《宋—明宗族の研究》），汲古书院，2005。其中也收录了有关的论文，请一并参照。

14　例如濑川昌久的研究。参考《中国社会与人类学》（《中国社会と人類学》），世界思想社，2004。

15　参考本章注释 19。

16　佐竹靖彦：《唐宋变革期江南东西路的土地所有制与土地政策——以义门的成长为线索》（〈唐宋変革期における江南東西路の土地所有と土地政策——義門の成長をてがかりに〉），载于《唐宋変革の地域的研究》，同朋舍，1990（初版于 1973）。

17　臧健：《宋代家法的特点及其家族中男女性别角色的认定》，载于邓小南主编，《唐宋女性与社会》，上海辞书出版社，2003；同作者：《从宋元至明清时代家法对于男女职责的规定》（〈宋元から明清時代の家法が規定する男女の役割〉），载于《从性别观察中国的家与女》（《ジェンダーからみた中国の家と女》），东方书店，2004。

18　绪方贤一：《家训所见宋代士人的日常伦理》（〈家訓に見る宋代士人の日常倫理〉）载于宋代史研究会编，《宋代人的认识》（《宋代人の認識》），汲古书院，2001。

19　以下日译系参考前揭西田太一郎之翻译，以及伊沛霞的解释，尽可能忠实地翻译原文（中译皆已改回中文。——译者注）。《袁氏世范》卷上（1），“性不可以强合”。

20　《袁氏世范》卷上（23），“同居长幼贵和”。

21　《袁氏世范》卷上（10），“孝行贵诚笃”。

22　《袁氏世范》卷上（8），“家长尤当奉承”。

23　《袁氏世范》卷上（28），“兄弟贵相爱”。

24　《袁氏世范》卷上（29），“众事宜各尽心”。

25　《袁氏世范》下卷（1），“宅舍关防贵周密”。

26　《袁氏世范》下卷（8），“刻剥招盗之由”。另外，《知不足斋丛书》于画线处记载不同：“掠污辱者，多盗所快意于劫杀之家。”

27　《袁氏世范》上卷（22），“同居贵怀公心”。

28　《袁氏世范》上卷（25），“分析财产贵公当”。

29　我们曾经整理过有关这种不讲道理的诉讼现实。大泽正昭:《主張する〈愚民〉たち》，角川书店，1996。

30　《袁氏世范》上卷（62），“分给财产务均平”。

31　《袁氏世范》上卷（63），“遗嘱公平维后患”。

32　《袁氏世范》卷上（41），“家业兴替系子弟”。

33　《袁氏世范》卷中（52），“兴废有定理”。

34　《袁氏世范》上卷（13），“子弟须使有业”。

35　《袁氏世范》上卷（13），“子弟须使有业”。

36　《袁氏世范》上卷（14），“子弟不可废学”：“大抵富贵之家，教子弟读书，固欲其取科第，及深究圣贤言行之精微。……盖子弟知书，自有所谓无用之用者存焉。……何至饱食终日，无所用心，而与小人为非也。”

37　《袁氏世范》上卷（43），“子多不可轻与人”。

38　《袁氏世范》卷中（20），“善恶报应难穷诘”。

39　《袁氏世范》卷中（38），“小人作恶必天诛”。

40　参考前揭伊沛霞的著作，Part One CHAPTER 1 Introduction，p.19。

后　记

本书是汇整最近二十年间研究的产物。以下为最初刊载的期刊等资料：

第一部　《名公书判清明集》的世界

第一章　迈向《清明集》的世界——定量分析的尝试

《上智史学》42 号，1997

第二章　胡石璧的“人情”——《清明集》定性分析的尝试

大岛立子编《宋—清代の法と地域社会》，

东洋文库，2006

第三章　刘后村的判语——《清明集》与《后村先生大全集》

《中国史研究》（韩国）54 辑，2008

第四章　南宋判语所见的当地有权势者、豪民

山本英史编，《中国近世の規範と秩序》，

东洋文库、研文出版，2014

补论　中国社会史研究与《清明集》

《ソフィア》160 号，1991

第二部　《袁氏世范》的世界

第五章　《袁氏世范》的研究史与内容构成

新撰

第六章　《袁氏世范》的世界

上智史学会月例会发表要旨《上智史学》53 号，2008，据以增补

第七章　袁采的现实主义——分析《袁氏世范》的视点

多田狷介、太田幸男编《中国前近代史论集》，汲古书院，2007，据以改编

第八章　宋代士大夫“兴盛之家”的防卫对策

国方敬司、永野由纪子、长谷部弘编《家の存続戦略と婚姻》，刀水书房，2009

诚如以上所见，本书所收的论文既有发表时间相当久远的作品，也有发表后再深化研究的主题。唯因本书无法完全补充其缺陷，故仅止于做最小必要限度的补足与订正，对此恳请谅解。

笔者在“序言”中写下这是“非常愉悦的研究过程”。由于这在专业书籍中是不太常见的表现方式，因此可能也有读者会感到违和。所谓“愉悦”等，可能会使人感觉不够谨慎吧。可是，这正是我目前最真实的感想，希望能得到读者的谅解。之所以产生这样的感慨，想要在下文稍作说明。

本书是史料研究的一项重大主题。不用说，迄今为止已有为数众多的研究者挑战史料的解读，并且留下与我们的历史认识息息相关的庞大研究成果。这种被深入研读过的史料，若研究对象的时代越古老，则史料数量就越有限，对于记述或用语遂出现了形形色色的解释。至于围绕这些解释的争论也反复地积累扩张。若从外部来看，对于史料解释几乎已经没有提出任何异说的空隙，议论看似也都已穷尽了。然而，如果试着重新以自己的眼光来重读史料，那么就会时常感觉到，其实还有很多提出崭新议论的余地。一旦更仔细地深入解读，固然会发现有些部分无法实现成形，但有些部分则可以得到近乎确信的感觉。每当获得这种新发现的瞬间，那种“愉悦”是任何东西都难以取代的。

想来，这种新发现最终其实是根据研究者的问题意识不同，从史料中看出相异之处。即便是早就被人读透翻遍的史料，只要我们的问题意识，亦即我们所追求的问题不同的话，那么也会浮现出完全不同的历史图像。有人说历史学研究是从现代出发的，我想它也带有这样的含意，即历史学正是从生存于现代的我们的问题意识出发的。如果是这样的话，那么只要能持续地锻炼、修正我们的问题意识，则史料也会向我们展现出无限的宽广。所谓历史学研究的持续进行，我想其实就是锻炼问题意识，并且持续地以此与史料进行对话。

问题意识的锻炼是研究者的日常工作。在本书中，以更具体的课题来说，就是对地方官的主张感兴趣。对此留待后述，这里首先想再谈一下与史料对话的问题。在迄今为止的研究生活中，我总是专心致志于史料解读方式与处理方法的妥当性。我抽取出史料中的词语，将其按照自己的逻辑进行编组，于是就作成了某些论文。然而，这样做究竟具有多少普遍性？这是很有疑问的。于是有一次我想出一个办法，即以某种方法来认识史料的整体脉络，抓住史料的整体图像，掌握作者的思维方式与逻辑。接着，在掌握史料脉络的基础之上，再根据自己的问题意识，取出必要的叙述，如此应该可以在不偏离作者意图的情况下，解决自己的课题吧。可是再回头一想，掌握史料的整体图像等等，这对专业人士来说正是理所当然的工作。而且，如果是该领域的研究者，也会有应确实掌握的必要知识。我本来也是打算掌握这些相应的基础知识。只是，这样仍无法感到满足。这里所谓的整体图像，并非目录学式的，而是指关于更深层次的史料内容及其特质的整体图像。我想要理解这些东西，进而想要得出新的创见。于是我决定在自己脑中重新思考这个问题。若能找出某种有别于以往的认识，也算是很大的收获吧。

在这种目标下，我最初选择解决的是陈旉的《农书》（《陳旉農書の研究》，农山渔村文化协会，1996）。这份史料因表现出宋代农业生产的水平，故获得很高的评价。然而，我在做如此评价时所采用的记述，从整体来说仅有几处而已。也就是说，与《农书》整体的记述无关，我仅仅拣选其中一部分而已。起初，当我接触到以这种方式建构的议论时，并没有抱持太多疑问。但是，有一次我忽然意识到这点，产生了一种“是否有哪里弄错了呢？”的违和感。于是我仔细地重读全部史料，结果就确信这个感觉对了。当我对陈旉的用心之处获得相当程度的理解时，总算明白了以往研究的重大缺陷。借由研读《农书》全书，我可以将陈旉记载的农业技术，放在整体论旨中的适当位置。再者，我也能将以往十分关注的先进技术，放在当时的生产力水平中来加以理解，并且也变得能够理解《农书》这种史料的界限了。当我开始食髓知味以后，对史料全体图像的研究就成了我研究中的重要部分。于是我在追求自身课题之际，也倾注心力于掌握特定史料整体内容的工作。本书正是汇整这种史料研究的成果。

作为研究对象而埋首研究的史料，《清明集》是特别令人印象深刻的史料。一次的偶然相逢，可说就此决定了我的研究方向。其事情经纬，我在迄今已持续近三十年的《清明集》研究会之译注稿的“前言”中，已有所交代，恳请参照。另外，《世范》同样也是邂逅的产物。为了撰写论文，我在探索史料的过程中感觉到了某种吸引力，于是就顺着兴趣进行研究。结果，我发现那些经常为人引用的文句，其实是放在与袁采的旨趣相异的背景中被引用的。本研究成果整体的好坏另当别论，重要的是，它迫使人们反省运用史料的方式。

无论如何，本书的研究也只不过是史料研究的一种尝试而已。相当程度上是根据我个人的兴趣所作，而作为历史学研究的方法，它究竟能否具有普遍性，其实也有令人顾虑之处。只是，由于它在我研究中所占的位置很重，所以我想实在无法就此将其束之高阁。

至于我一直以来抱持着的最大的问题意识，就是从历史的角度去弄清楚这个支撑着“现代体制”的基层社会。这绝非单纯只是中国这样的外国问题而已。它无疑也正是日本的问题。日本在标榜为民主主义国家的同时，其内在的实质仍到处存在着这种体制渗入的缝隙。只要看一下日本的新闻，就会发现这样的动向随处可见。在议会中，只要取得多数就什么都可以决定，政府决定的事情就毫无反对的余地，或是不服从经营者方针的社员就应该辞职等等。这是凭借强力权威的“专制”，它表明了在面对煞有介事的“大道理”时即陷入思考停止的状态。问题在于承认并且支撑着“专制”的这个社会，它应有的状态是怎么样的。究竟是什么样的社会才会接受“专制”？它的构造究竟为何？我想从历史的角度来厘清这个问题。以本书为基础，我打算整理中间阶层的研究，而同时又痛感于必须更进一步锻炼问题意识，这样的日子仍将不断持续。

最后，恳请允许让我再多说一些不着边际的话。我曾经以为自己的死期应该会落在平成二十三年（2011）的二月左右。之所以产生这种想法，是在我的双亲相继亡故之后。我的父亲生于大正四年（1915）七月，卒于平成四年（1992）八月。母亲则生于大正五年（1916）五月，逝于平成五年（1993）六月。出生与过世皆为一年之差。尽管双亲的关系不好，但相同的是，他们两人都在不同年号的同一年、出生月份的翌月去世。如果向双亲看齐的话，由于我是昭和二十三年（1948）一月出生，因此按理应当在改变年号的平成二十三年（2011）二月死去。这是某次偶然发现的毫无道理的事情。我却抱持着觉悟，认真地思考了起来。

只是这个预测完全失准了，因为我直到如今仍然活着。于是我想到，我在平成二十一年（2009）四月时接受了胃癌的手术，切除了三分之二的胃。幸运的是只是第一期，而且处置得当（自治医科大学清崎医生的精湛医术，令人钦佩），也没有再发的征兆，去年刚届满五年，算是“毕业”了。尽管少去的十五公斤的体重依旧没有起色，但在统计学上来说已经完全治愈了。然而，如果没有发现这个癌细胞的话，那又会是如何呢？癌细胞应该会逐渐地成长，然后果然在平成二十三年左右，我也就会踏上前往另一个世界的旅途了吧？一想到这里，我就觉得在我的身体里头，应该也隐藏着与双亲构造相同的设计图吧？话虽如此，这些当然只不过是完全非科学的、妄想的戏言罢了。也是因为这样，这些话迄今为止始终说不出口。

尽管如此，我还活着这点也是事实。不管怎样，还是必须感谢发现了癌细胞的健康检查。讽刺的是，几乎不信任检查结果的我，却被健检救了一命。幸运的是——同时这也是理所当然的，这意味着我又可以再多活好些年了。那么接下来究竟该怎样过日子呢？当务之急，首先必须思考的是对自己的研究做个交代。于是，本书就成了我的“清仓大拍卖”的第一号作品。虽然还想再出到第二号、第三号、第四号，但头脑与身体究竟能否负荷，也说不准了。

话说，我在所谓大学的职场上服务，到前年（2013）三月时已届满36年，同时我作为上智大学的教员，也到了退休的年龄。从那个新学期开始，我就转成所谓特别契约教授的一年聘教员，至今已是第三年了。如果能健康地活下去，且同事教员也还需要的话，我预计这个工作应该还能再持续一年有余。在此期间，如果也能平安无事地完成工作的话，那么我作为大学教员的时间，就能产生满四十年整的吉数了。

回顾过去，凭着仅有的一点体力与能力，竟然也能走到今天的地步。这无论如何都是蒙受许多幸运眷顾的结果，而最大的幸运就是邂逅了非常多优秀的人才。我唯一的才能（如果这也算是才能的话），可能就是找出这些优秀的朋友吧。在研究方面固然如此，甚至连在社团或嗜好的世界中，我也从老师、前辈、朋友、学生，乃至家庭中获益良多。我也在各式各样的场合中得到帮助。我可以很有自信地说，至今为止的大半辈子是很充实的。这正是文字“有り難い”（意译为感谢；按文字直译为“很难得才有”。——译者注）的意思所示。若论作为研究者足堪留下来的成果数量，只要一思及此，就会因为实在没什么，而只会感到羞愧。尽管我也曾有过想要无时无刻倾注心力地研究，并且不要让自己徒留后悔的念头，但是终究能力有限，难以实现。

本书就是在这样的人生之中，一点一点积累而成的研究成果中的一部分。作为中国史学的研究者，这就是朝着史料迈进的足迹。若将至今的研究生活一言以蔽之，应该会是“中文很愉悦，论文很艰苦”吧。也许是出自我个人的兴趣，在研究过程中，最令人愉悦的就是阅读中文史料的时候。其理由之一，在于中文史料的解读本身具有各式各样的可能性，几乎形同没有正解。一旦以自己的脑袋逐字逐句地解释，并追寻文章的脉络，有时候也会出现那种“原来这篇文章是这个意思啊”的灵光一闪的时刻。也有心领神会的时刻。即使它十分微小，对我来说也是重大的发现，并且为此而喜悦。记载于史料中的那个数百年前的世界，与现在的我发生了联系，我怀着这样的感觉，与史料的作者或登场的人物时而共鸣，时而抗拒，这是想象力得到刺激的片刻。当这样的发现累积多了，不久就会想要尝试将它化作论文。想要将这个发现具体化，以征询同学的意见，并且想要确认它的意义。于是，最初干劲十足，埋首制作论文。然而从此就成了苦难的光阴。最终因为深切感受到自己词汇的贫乏、文笔的不佳，以及逻辑思考力的阙如，而有想要投笔的冲动。可是，最终还是想尽办法克服这一切，直到写完为止。接着反复重读、重新修改，甚至增补，最后在忐忑不安的心情之中将稿子投了出去。之后，即便已到了校对阶段，还是会一再发现不够完善之处。羞愧的是，有时甚至还会苦思："这篇文章的企图究竟是什么？"好不容易印刷出来了，但并非就此结束。偶尔若是得到一些出乎意料的批判，也会陷入很深的低潮，并苦思如何才能找出一个遁逃的出口。想来，总是无法记取教训的我，竟也能够反复持续这样的工作，自己也感到佩服。若借用我国绘画宗师、故矢野昭雄先生的话，此乃一种"并非作画，而是绘耻"的状态。但是，我不曾想过放弃，今后也想持续地前进。阅读史料的愉悦与得出新见的喜悦，比什么都还要重要，它甚至具有克服撰写论文痛苦的力量。这正是我研究的原动力之一。

本书就是以我自己这种研究方式所达到一个里程碑。它是发现的足迹，也是在构思我独有的历史图像时不可或缺的研究成果。只是对于很多人来说，即使读了也可能丝毫不觉得有趣。这是因为量化的分析很多，与一般的历史学论文有所不同。但是，我深信这里记录的几个发现，在解释史料、研究历史之际是很有用的。如蒙读者诸贤有所体察，并从客观角度惠予批判，则属幸甚。

最后，本书得以顺利出版，乃承蒙许多人士的帮忙。去年秋天，与汲古书院的新社长三井久人先生主动邀约商谈，因而得到关照；至印刷为止的过程中，则得到饭冢美和子女士很多的协助。另外，在校对过程中，处处劳烦上智大学大学院博士后期课程的院生杉浦广子、松浦晶子两位女士；至于中文目录的制作，则是得到硕士课程院生严琳女士的帮忙。谨记于此，聊表谢忱。

2015 年　清明

武藏国大久保村　于金秋白庵

大泽正昭　谨识

谢辞

本书出版得到上智大学 2015 年度“个人研究成果发信奖励费”的援助。附记于此，以表达感谢之意。